CB075600

ATÉ QUE
ELE
VENHA

*12 sermões
sobre a
Ceia do Senhor*

ATÉ QUE
ELE
VENHA

Spurgeon

CHARLES H.

hagnos

© Editora Hagnos Ltda.

1ª edição: maio de 2025

Tradução: Paulo Sartor Jr.
Revisão: Luiz Werneck Maia (copidesque) e Pedro Nolasco (provas)
Capa: Douglas Lucas
Diagramação: Letras Reformadas
Editor: Aldo Menezes
Coordenador de produção: Mauro Terrengui
Impressão e acabamento: Imprensa da Fé

As opiniões, as interpretações e os conceitos emitidos nesta obra são de responsabilidade de quem a escreveu e não refletem necessariamente o ponto de vista da Hagnos.

As notas de rodapé deste livro foram inseridas para clarificar palavras, expressões e personagens, além de contextualizar o leitor sobre aspectos históricos e culturais.

Todos os direitos desta edição reservados à
EDITORA HAGNOS LTDA.
Rua Geraldo Flausino Gomes, 42, conj. 41
CEP 04575-060 — São Paulo, SP
Tel.: (11) 5990-3308

E-mail: editorial@hagnos.com.br | Home page: www.hagnos.com.br
Editora associada à Associação Brasileira de Direitos Reprográficos (ABDR)

Dados Internacionais de Catalogação na Publicação (CIP)

Spurgeon, C. H. (Charles Haddon), 1834-1892

Até que Ele venha 12 sermões sobre a Ceia do Senhor / C. H. Spurgeon; tradução Paulo Sartor Júnior. — São Paulo : Hagnos, 2025.

ISBN 978-85-7742-635-5

1. Jesus Cristo – Sermões I. Título II. Sartor Júnior, Paulo

25-1298　　　　　　　　　　　　　　　　　　　　　　　　　　　　CDD 232

Índices para catálogo sistemático:
1. Jesus Cristo – Sermões

Angélica Ilacqua CRB-8/7057

SUMÁRIO

Prefácio 7

1. A Ceia do Senhor: um memorial de Jesus 9
2. O objetivo da Ceia do Senhor 33
3. Desfalecendo e revivendo aos pés de Cristo................51
4. Cristo e seus companheiros de mesa 63
5. A correta observância da Ceia do Senhor 81
6. O que a Ceia do Senhor vê e diz 99
7. O contato real com Jesus 115
8. O testemunho da ceia do Senhor 129
9. A ceia do Senhor – simples, mas sublime! 147
10. Preparação para a ceia do Senhor 159
11. Comunhão com Cristo e seu povo 173
12. Alimentando-se do pão da vida 187

Sobre o autor: 207

PREFÁCIO

POR mais de três décadas, Charles Haddon Spurgeon (1834-1892), o notável "príncipe dos pregadores", anunciou com ousadia e ternura as insondáveis riquezas de Cristo. Em seu ministério no Metropolitan Tabernacle, em Londres, Spurgeon fazia da Ceia do Senhor não apenas uma tradição, mas um momento vibrante de proclamação do evangelho. Neste volume, *Até que Ele venha*, reunimos doze sermões que exaltam a Ceia como memorial vivo da morte de Jesus e como fonte de consolo, correção e comunhão para todos os que creem.

1. *A Ceia do Senhor: um memorial de Jesus:* enfatiza o comando simples de Jesus: "Façam isto em memória de mim", destacando a centralidade da recordação pessoal e viva de Cristo por meio dos elementos da Ceia.
2. *O objetivo da Ceia do Senhor:* revela como a Ceia anuncia a morte de Cristo até que Ele venha, reafirmando sua obra consumada e a esperança de sua volta.
3. *Desfalecendo e revivendo aos pés de Cristo:* aborda como a Ceia é um remédio espiritual para os fracos na fé, revigorando o amor e a lembrança do Redentor.
4. *Cristo e seus companheiros de mesa:* trata da presença real de Jesus com o seu povo à mesa e da alegria de compartilhar esse momento com outros redimidos.
5. *A correta observância da Ceia do Senhor:* discute os perigos de rituais sem coração e convoca à simplicidade e reverência genuínas.

6. *O que a Ceia do Senhor vê e diz:* apresenta a Ceia como testemunho visível da cruz, proclamando verdades profundas com pão e vinho.
7. *O contato real com Jesus:* destaca como a Ceia proporciona comunhão real com Cristo, nutrindo a alma com sua graça.
8. *O testemunho da Ceia do Senhor:* aponta a Ceia como testemunho público da fé dos crentes na morte expiatória do Senhor.
9. *A Ceia do Senhor – simples, mas sublime:* celebra a beleza da simplicidade da ordenança e sua profundidade espiritual.
10. *Preparação para a Ceia do Senhor:* incentiva à autoavaliação sincera e à humildade como meios de desfrutar plenamente do banquete.
11. *Comunhão com Cristo e seu povo:* ressalta a união entre os membros do corpo de Cristo expressa no partir do pão.
12. *Alimentando-se do pão da vida:* conclui com um convite a alimentar-se espiritualmente de Jesus, o verdadeiro pão que desceu do céu.

Esses sermões são alimento sólido para o povo de Deus e um convite contínuo à mesa do Senhor. Que, ao lê-los, seu coração seja aquecido, sua fé fortalecida e sua alma renovada pela lembrança viva daquele que morreu, ressuscitou e virá outra vez.

Boa leitura!

Aldo Menezes
Editor

1

A CEIA DO SENHOR: UM MEMORIAL DE JESUS

Façam isto em memória de mim
Lucas 22:19

"FAÇAM isto" — isto é, tomem o pão, agradeçam, partam-no e comam-no; peguem o cálice cheio do fruto da videira, agradeçam e bebam tudo. "Façam isto". *Cuidem para fazer exatamente o que Jesus fez*; nem mais, nem menos. Este ato foi realizado à mesa em que eles estavam comendo a Páscoa. Este ato foi realizado durante uma refeição comum, e não era um sacrifício, nem uma celebração, nem uma cerimônia, nem nada mais do que um significativo comer de pão e um beber de vinho de maneira devota. Façam isto, então. Todas as vezes que partirem o pão e beberem do cálice, lembrem-se do Senhor Jesus. É isto que devemos fazer e não outra coisa que possa supostamente brotar a partir disto. Ele não diz: "Façam outra coisa em memória de mim — algo que vocês possam escolher fazer, mantendo este ato como espinha dorsal, mas façam *isto*". *Isto* que acabou de ser feito: isto em toda a sua simplicidade, solenidade e intenção.

Ah, como os homens tristemente têm se esquecido disso! A singela ceia não tem sido uma exibição grandiosa o suficiente. Partir o pão e beber o vinho não lhes pareceu suficientemente solene ou suficientemente deslumbrante, e então adicionaram todos os tipos de ritos e instituições. O que era apenas uma mesa, transformaram em um altar, e o que era uma ceia e nada mais, transformaram em uma celebração. Eles não fazem *isto*, mas fazem outra coisa que conceberam e elaboraram. Imaginem Paulo ou Pedro assistindo a uma missa e observando as várias genuflexões[1] — os movimentos para frente e para trás, o levantar-se, o curvar-se, e todas as várias ações ritualísticas do sacerdócio romano, demasiadas para descrever! Paulo puxaria Pedro pela manga e diria: "Nosso Mestre não fez nada parecido quando tomou o pão, deu graças e o partiu". Pedro responderia: "Isso é muito diferente do que se passou no cenáculo em Jerusalém!" E Paulo acrescentaria: "Sim, de fato, meu irmão, isto é muito diferente daquele tempo em que os primeiros crentes se reuniam, partiam o pão e bebiam do cálice em comum, em memória de seu Senhor".

Independentemente do que outras comunidades façam, que a nossa, meus irmãos e irmãs, mantenha-se fiel ao "façam *isto* em memória de mim". "*Isto*", simplesmente "isto", e nada mais, e nada menos: pão, e não uma hóstia; fruto da vide, e não a mistura química inflamada com álcool. Usamos este fruto da vide em um cálice, e esse cálice não é exclusivo, mas compartilhado por todos. Temos diante de nós pão, e este não é adorado, como na elevação da hóstia, mas partido e comido. O Senhor e seus discípulos sentaram-se à mesa e comeram; era um banquete, e não um sacrifício; eles se reclinaram, e não se ajoelharam. Assim o fazemos, porque Ele disse: "Façam *isto*", e não outra coisa.

Então, amados amigos, teremos que ser muito vigilantes sobre outro ponto, a saber, que se fizermos isto, *o faremos para o propósito para o qual Ele*

---

[1] Ato de se ajoelhar.

o deu, a saber, em memória dele. Jesus nunca disse: "Façam isto, para que vocês possam oferecer um sacrifício incruento". Onde, na Sagrada Escritura, há uma palavra como esta, seja dos próprios lábios de nosso Senhor, ou dos apóstolos? Ele nunca disse: "Façam isto como a repetição perpétua da minha morte". Para mim, o próprio pensamento é blasfêmia, pois nosso Senhor afirma ter terminado sua obra (João 17:4) e, tendo morrido para o pecado uma vez, a morte não tem mais domínio sobre Ele (Romanos 6:9). Os sacrifícios judaicos, em razão de sua insuficiência, eram frequentemente repetidos, mas este Homem, "tendo oferecido, para sempre, um único sacrifício pelos pecados, assentou-se à direita de Deus" (Hebreus 10:12). Blasfemam o sacrifício de Cristo aqueles que imaginam que qualquer um, chamem-no de padre ou não, pode continuar, repetir ou completar esse sacrifício pelo pecado. Está consumado, e nosso Senhor foi para sua glória. O pecado foi removido pelo fato de Ele mesmo tê-lo levado em seu corpo no madeiro. Façam isto em memória de Cristo, mas não como continuação de seu sacrifício, que é para sempre perfeito.

Eu não adotaria, de minha parte, de forma alguma, a postura de ajoelhar-me ao receber a Ceia do Senhor, porque se isso não implica realmente adoração ao pão e ao vinho, tem uma tendência de nos afastar da lembrança da Pessoa em si para uma adoração dos elementos memoriais. A ceia sagrada era uma refeição, não uma cerimônia. A postura adotada nas refeições era a de reclinar-se — a postura mais confortável em que eles podiam se colocar. Isso não corresponde ao nosso costume ocidental, mas a posição análoga é a de sentar-se o mais à vontade possível, postura na qual eu os encorajaria a persistirem. Vamos observar a ceia como uma refeição, mas de forma alguma nos ajoelhar como se estivéssemos realizando um ato de adoração diante de um altar.

A adoração ao Deus invisível é sempre correta e apropriada, mas se uma certa postura parece tirar a própria essência da celebração — e é uma celebração, e, se além disso, ela encoraja a superstição, então não se ajoelhem, mas sentem-se, e *façam isto* em memória de Cristo. Façam isto, e nada mais, e façam-no para se lembrarem, e para nenhum outro propósito, e se qualquer outra postura apontar para outra direção, repudiem-na, e mantenham-se próximos daquilo que já foi estabelecido como exemplo.

A Igreja de Roma preza o grande quadro de Leonardo da Vinci, e nele todos os apóstolos estão sentados à mesa. Isso é parecido com a missa? A ceia deve ser comida em memória, e por nada mais, mas isso, como teremos que mostrar a vocês, não é algo sem importância. "Façam isto em memória de mim".

Visto que esta é uma refeição memorial, vamos nos fazer uma pergunta: *Conhecemos o Senhor?* "Façam isto em memória de mim". Se vocês não sabem nada sobre uma pessoa, se não tiveram nenhum contato com ela, não podem se lembrar dela. Como uma espada de dois gumes, esta simples declaração da verdade atravessa esta audiência nesta noite, e a divide em duas partes. Se eu posso ou não vir à Mesa do Senhor depende do fato de eu conhecer ou não o Senhor Jesus. Se eu for um estranho para Ele, não posso vir, pois só posso vir para me lembrar dele, e não posso vir para me lembrar dele se não o conheço, de modo que é uma profanação desta bendita instituição que qualquer um se aproxime da mesa sem conhecer Cristo.

Ó senhores e senhoras, esta não é uma ordenança salvífica e nunca foi para ser; sua intenção se relaciona apenas com aqueles que são salvos. Conhecer Jesus Cristo implica ter vida eterna (João 17:3), e como vocês não podem vir sem esse conhecimento, é claro que não podem vir a menos que sejam salvos. Se algum de vocês sonha que sua participação, em seus últimos momentos no que é chamado de "o sacramento" irá salvá-lo, você está sob uma profunda ilusão. Confiar nisso para a salvação não é diferente de confiar nos encantamentos de uma feiticeira. Nenhuma cerimônia, seja qual for, realizada por quem quer que seja, pode lhe conceder a salvação.

A salvação é pela fé em Jesus Cristo, e isso não é operado pelo ato físico de engolir pão e vinho. Você deve nascer de novo, e isso não é efetuado por substâncias materiais, por mais consagradas que sejam; é obra do Espírito Santo. Até que você tenha crido em Jesus, e assim o conheça, e conheça seu poder dentro de você, e tenha chegado a um relacionamento pessoal com Ele, em vez de obter uma bênção da ordenança, você comerá e beberá condenação para si mesmo, não discernindo o corpo do Senhor (1Coríntios 11:29). Você não é capaz de discernir esse corpo se não tiver fé. Que cada um examine-se a si mesmo quanto ao seu conhecimento de nosso Senhor, e, então, coma deste pão e beba deste cálice (1Coríntios 11:28). Se você não o conhece, não pode se lembrar dele, e, portanto, mantenha suas mãos longe dos emblemas do memorial.

Uma palavra — uma palavra solene aqui, que eu falaria com toda a minha alma; lembrem-se: se vocês não o conhecem, chegará o dia em que Ele lhes dirá: "Eu nunca conheci vocês" (Mateus 7:23). Se não houver intimidade pessoal entre vocês e Cristo, Ele os rejeitará no dia em que Ele vier na glória de seu Pai, e todos os seus santos anjos com Ele (Mateus 25:31). Será inútil dizer: "Comíamos e bebíamos com o senhor. Além disso, o senhor ensinava em nossas ruas" (Lucas 13:26). Se vocês não o conhecem, Ele não os conhece e haverá simplesmente esta resposta a todas suas reivindicações baseadas na religião externa: "Afastem-se de mim, malditos, eu nunca conheci vocês" (Mateus 25:41; 7:23).

Amados e amadas, se vocês, no entanto, conhecem o Senhor — e eu creio que muitos aqui realmente o conhecem —, então é certo que Ele se manifestou a vocês. Que amor maravilhoso! Senhor, como é que tu te manifestarás a nós? Vocês olharam para Ele; confiaram nele; viveram nele, e tudo isso porque Ele se lembrou de vocês em seu humilde estado humilde. Vocês se lembram dele com alegria neste momento por causa da experiência que já tiveram com Ele. Ele é tão precioso para vocês que vocês não devem deixar de se lembrar dele. Vocês não poderiam viver sem

Ele. Ele é toda a sua salvação e todo o seu desejo. Bem, então, é para vocês que esta celebração foi instituída — para fazerem isto em memória dele.

I

Meu primeiro ponto será que *o objetivo principal da Ceia do Senhor é evidentemente que nos lembremos de Cristo por meio dela*. Observem isso com atenção. Não se trata de que devam se lembrar de uma doutrina, embora eu não queira que vocês sejam ignorantes ou desatentos a qualquer verdade que o Espírito de Deus tenha revelado; nem se trata de que devam se lembrar de um preceito, embora, amados e amadas, eu queira que vocês tenham cuidado para que em todas as coisas façam a vontade do seu Salvador. Mas o cerne e a essência de participação de vocês à Mesa do Senhor é: "Façam isto em memória *de mim*", isto é, dele mesmo — de sua própria pessoa bendita.

Não pensem nele como uma abstração! Não sonhem com Ele como uma mera ideia! Não o contemplem meramente como um personagem histórico que já esteve entre as pessoas e agora desapareceu da tela da história, como Confúcio[2], Zoroastro[3] ou semelhantes. Não! Ele sempre vive

---

[2] Kong Qiu (c. 551- c. 479 a.C.), mais conhecido como Kong (Fu)zi ("Mestre Kong") é o mestre, filósofo e pensador político chinês mais conhecido e influente de todos os tempos. Desenvolveu um sistema filosófico baseado na moralidade pessoal e do governo, harmonia nas relações familiares e sociais, justiça, virtude, sinceridade e a responsabilidade dos governantes em liderar por meio da virtude. Suas ideias influenciaram profundamente as civilizações do leste asiático e nações vizinhas. Entre seus ensinamentos está a máxima "O que não desejas para ti, não faças aos outros", registrada no *Anacletos* (15:23), uma versão da "Regra de Ouro" que ecoa em diversas tradições éticas e religiosas.

[3] Zarathushtra Spitama (c. 624-599 a.C.-c. 547-522 a.C.) foi um reformador da religião persa tradicional de seu tempo. Era um sábio, poeta, profeta e realizador de milagres. Foi o fundador do zoroastrismo, um sistema religioso dos mais antigos do mundo atual. É uma religião henoteísta (que adora um deus principal entre outros), que crê na vinda de um messias, na batalha entre a luz e as trevas, no livre-arbítrio humano, no julgamento final após a morte com uma ressurreição, em um céu e inferno, em anjos

(Hebreus 7:25), e permanece como uma força e poder reais e sempre ativos entre os seres humanos de todas as épocas. Jesus é daquela natureza divina que habita perpetuamente no tempo presente — o mesmo ontem, hoje e para sempre (Hebreus 13:8). Amados e amadas, ao viverem por Ele, vocês devem aprender a viver nele, e com Ele, para conhecê-lo como um amigo com quem vocês realmente têm familiaridade. O Cristo dos nossos sonhos é apenas um sonho; nós precisamos de um Cristo real, vivo e pessoal, e é do próprio Jesus Cristo que temos que nos lembrar nesta noite, nesta mesa.

E se fizermos isto, nos lembraremos dele, primeiro, *com gratidão como nosso Salvador*. Se tenho alguma esperança, devo tudo a ti, Deus encarnado, Filho do Altíssimo (Lucas 1:32) e Filho de Maria também (Marcos 6:3). Teu amor, tua vida, tua morte, tua ressurreição, teu poder à direita de Deus — esses devem ser os pilares da minha esperança, se é que tenho esperança:

> Todas as nossas esperanças imortais repousam
> Em ti, nosso Fiador e Cabeça;
> Tua cruz, Teu berço e Teu trono,
> São grandes com glórias ainda desconhecidas.[4]

Ele nos salvou, irmãos e irmãs, e nos amou, e nos abençoou com consolo eterno em si mesmo. Oh, vamos pensar nele! Os riachos dos quais vocês bebem são doces, mas pensem na fonte. Sua cura é algo para cantar para sempre. Lembrem-se de que vocês foram curados por suas pisaduras (Isaías 53:5), e pensem naqueles flagelos cruéis, naquelas cinco feridas, naquele corpo coberto de suor sangrento, naquela preciosa fronte cercada

---

e demônios, e na vitória final do bem sobre o mal. Os praticantes atuais do zoroastrismo têm como premissas praticar "bons pensamentos, boas palavras e boas obras".

[4] *Jesus, our Saviour and our God* [Jesus, nosso Salvador e Deus], Isaac Watts, [1674–1748].

de espinhos, naqueles olhos todos turvos de sangue. Lembrem-se do próprio Jesus, eu lhes peço, e não pensem em perdão, nem em justificação, nem em santificação à parte dele. As correntes de amor eu traço até a fonte no coração de Cristo, e me lembro dele nesta noite com a mais profunda gratidão. Sigam-me, meus amados e amadas, nesta meditação; sim, vão adiante de mim, e cheguem mais perto do coração do seu Redentor.

Vocês devem se lembrar dele, em seguida, *com profunda reverência como seu exemplo vivo* – seu Senhor vivo e reinante. Vocês não sabem que todos os que foram lavados em seu sangue (1João 1:7) são doravante servos de Deus, assim como Ele foi? Vocês não devem fazer a própria vontade, mas a vontade daquele que os redimiu. Seu exemplo é para vocês a personificação da vontade do Senhor. Não cantamos docemente:

> Meu querido Redentor e Senhor,
> leio meu dever em tua Palavra;
> Mas em tua vida a lei se revela
> Escrita em letras vivas.[5]?

Cabe a vocês, então, lembrarem-se do Senhor Jesus para que possam segui-lo. Na doença, lembrem-se dele em sua paciência. Quando forem perseguidos, lembrem-se dele em sua mansidão. No serviço sagrado, lembrem-se dele com seu zelo ardente. Em seus momentos de solidão, lembrem-se dele e das suas orações à meia-noite. E quando estiverem em público e tiverem que dar testemunho, lembrem-se dele e de suas declarações intrépidas do evangelho. Lembrem-se dele para que Ele se torne seu padrão, e vocês sejam a reprodução dele mesmo, e, assim, o melhor memorial dele.

---

[5] *My dear Redeemer and my Lord* [Meu querido Redentor e Senhor], Isaac Watts, 1709.

Assim capacitados pelo Espírito Santo a lembrarem-se de seu Senhor com gratidão como seu Salvador, com reverência como seu Senhor, vocês se lembrarão dele *com confiança como sua força*. Ele não os deixou neste mundo para que vocês o sirvam às suas próprias custas e carreguem sozinhos suas cruzes. Lembrem-se dele, pois Ele se lembra de vocês para estar sempre com vocês. "Eis que estou com vocês todos os dias", Ele diz, "até o fim dos tempos" (Mateus 28:20). Vocês deixarão que Ele esteja perto de vocês sem ser notado e lembrado? Nunca digam: "Sinto-me solitário"; vocês não estão sozinhos se se lembrarem de Jesus. Ó viúva e órfã, não digam: "Sinto-me desconsolada"; Ele disse: "Não deixarei que fiquem órfãos; voltarei para junto de vocês" (João 14:18). Lembrem-se dele sem cessar. Quando estiverem fortes, lembrem-se dele, pois sua força vem dele. Quando estiverem fracos, lembrem-se dele, pois Ele pode lhes dar a ajuda de que precisam. Oh, quem dera que em todos os tempos e lugares Cristo fosse tudo em todos para nós! —

> Lembrar-me de ti!
> tua morte, tua vergonha,
> A triste carga que em nossos corações há de ficar!
> Ó memória, não guardes outro nome ali
> Senão o d'Ele a brilhar!

Quisera ter a imagem do meu Senhor gravada nas palmas das minhas mãos para que eu não pudesse fazer nada sem Ele, e pintada em meus olhos, para que eu não pudesse ver nada exceto através dele. Seria ainda melhor tê-la estampada em meu coração, para que minha própria vida não pulsasse senão pela música de seu nome.

Lembrem-se dele também, amados, como *seu grande representante diante do trono de Deus*. Ó cristão, neste exato momento o céu é seu! Jesus, seu precursor, tomou posse da glória eterna em seu nome. No centro do trono de Deus está o Homem glorificado, o Filho eterno de Deus (Apocalipse 3:21), que é o Cabeça da Aliança e Redentor de seu povo. Nunca se esqueça dele, mas mantenha seus olhos fixos nele, assim como Ele mantém os olhos dele em vocês. Ele vive! O grande Redentor vive! Ele vive para interceder por vocês. Não adquira o hábito da igreja romana, que exibe seu Cristo morto por toda parte, ou seu Cristo bebê nos braços da virgem. Jesus não é nenhum destes neste momento. "Ele não está aqui; ressuscitou" (Mateus 28:6). Ele vive! É no Cristo vivo que cremos, no Cristo que ascendeu aos céus que confiamos, no Cristo que há de vir que esperamos. Ali, onde Ele intercede com toda a autoridade, está nossa grande esperança, pois Ele "pode salvar totalmente os que por ele se aproximam de Deus, vivendo sempre para interceder por eles" (Hebreus 7:25).

Lembrem-se dele, mais uma vez, como *estando prestes a vir*. Talvez enquanto esses lábios ainda estão fracamente formando palavras hesitantes sobre mistérios maravilhosos, a trombeta possa soar acima de todos os sons terrestres (1Tessalonicenses 4:16). Mesmo nesta noite de domingo, podemos ser chamados a ver a nuvem sobre a qual o Filho do Homem virá (Apocalipse 1:7)! "Daquele dia e hora ninguém sabe" (Mateus 24:36), e vã é a loucura que incessantemente profetiza sobre aquilo a respeito do que nada sabe. No entanto, isto é certo: o Senhor Jesus virá para julgar e reinar. "Eis que o Noivo vem" (Mateus 25:6). Ele disse há muito tempo: "Eis que venho sem demora" (Apocalipse 22:12). Desde então, Ele tem vindo apressadamente, e deve estar muito próximo. Ora, isto é o que devemos sempre lembrar, pois sua vinda será a manifestação de seu povo (Romanos 8:19), bem como dele mesmo. Sua vinda testemunhará o galardão de seus santos, bem como seu próprio galardão. Então Ele brilhará, e com Ele "os justos resplandecerão como o sol, no reino de seu pai" (Mateus 13:43).

Ah, nós o esquecemos demasiadamente em todos esses aspectos! Temo que esquecemos mais facilmente do que lembramos, e ainda assim o lembrar-se de alguém tão querido deveria ser natural para nós. Vocês suspeitaram, quando se converteram pela primeira vez, que poderiam esquecê-lo? "Ah, não," vocês disseram:

> Que o bebê esqueça sua mãe,
> Que o noivo despreze sua noiva;
> Fiel a ti, não amarei nenhum outro,
> Agarrado firmemente ao teu lado.

Assim dissemos, mas não o temos feito. Quantas vezes agimos como se não tivéssemos o Cristo vivo para nos refugiarmos! Nós nos inquietamos como se Jesus ainda estivesse deitado no sepulcro. Agimos como se fôssemos viver aqui para sempre, e não esperássemos que nosso Senhor viesse e nos levasse para estar com Ele (João 14:3). Agimos como se não tivéssemos outro Mestre além da nossa própria vontade desenfreada. Agimos desesperadamente como se não tivéssemos Pastor para cuidar de nós, e nenhum Salvador que nos remiu com seu precioso sangue (Efésios 1:7). Ora, irmãos e irmãs, isso não está certo. É desonroso para nosso Senhor, e vergonhoso para nós mesmos. Agora vocês veem a razão pela qual a Ceia foi instituída — nossas memórias traiçoeiras a exigem. Tomemos parte nela como em um banquete régio tão necessário quanto solene, pois precisamos ser lembrados de nosso querido Senhor, que docemente nos diz: "Façam isto em memória de mim".

II

E agora eu abordo um segundo ponto. Quero mostrar a todos vocês que *o modo que nosso Senhor ordenou de ajudar nossa memória é, em si, excepcionalmente impressionante*. Não poderia ser de outra maneira. Se eu ficasse em frente a um altar enfeitado com rosas de papel e outras coisas infantis, e se eu tentasse executar, diante de todos vocês, algumas dessas práticas que são consideradas sagradas pelos seguidores de Roma, eu precisaria de muito tempo para explicar tudo a vocês, e quando eu tivesse feito o meu melhor, vocês provavelmente ainda não seriam capazes de entender nada.

Eu já fiquei de pé e observei o padre católico no altar com o desejo sincero de ver se havia algo a ser aprendido, e não consegui aprender nada. Não consegui sequer compreender o que aquele personagem ornamentado estava fazendo. Acho que li tanto quanto a maioria das pessoas sobre essas coisas, mas me parece que se o comportamento do padre na missa é um símbolo, trata-se de um símbolo muito obscuro; se a intenção é ensinar as pessoas, elas já precisam saber muito antes de poderem aprender alguma coisa com aquilo.

Certamente, para encontrar algo na missa, o devoto já deve trazê-lo consigo, pois não há nada ali. Mas se você tirar a toalha daquela mesa ali, verá diante de si simplesmente pão e vinho, e quando nos vir celebrar a ordenança esta noite, notará que não fazemos nada além de partir o pão e comê-lo, e passar o cálice de vinho e beber dele. Tudo o que é feito é *extremamente simples*, e o Salvador parecia desejar essa simplicidade, porque Ele próprio era uma pessoa muito simples, sem afetação e despretensiosa.

Toda a pompa que Ele já teve foi quando cavalgou por Jerusalém, mas foi em um jumentinho, o filhote de uma jumenta. Mesmo então, toda a pompa consistia nisso: as pessoas colocavam suas vestes na estrada e espalhavam galhos ao longo do caminho como expressão de seu júbilo excessivo (Mateus 21:6-8). Ornamentos de ouro, flores, incenso e acólitos[6] estão muito distantes dos seus hábitos simples e naturais.

Imaginem se alguns dos discípulos ressuscitassem e entrassem, digamos, na Catedral de São Paulo[7], que é chamada de protestante, mas tem tantos

---

[6] Assistente na celebração da missa católica romana.
[7] Catedral anglicana em Londres, Inglaterra, sede do Bispo de Londres. O prédio atual data do século 18, é imponente e um dos pontos turísticos de Londres mais visitados.

elementos papistas quanto possível. Suponhamos que eles entrassem lá – Tiago e João juntos – os dois filhos de Zebedeu. Talvez parando diante de algumas das suntuosas decorações, Tiago perguntaria com admiração: "João, onde viemos parar?". E João diria: "Estamos em um salão de imagens, um templo de ídolos. Nosso Senhor Jesus não ficaria feliz aqui". "Ora", diz Tiago, "é a igreja de Paulo, tragam-no para dentro". Certamente quando Paulo entrasse e olhasse para todas aquelas imagens e decorações, ele diria: "Aqui vejo outro evangelho, que não é outro, mas há alguns que estão perturbando vocês e querem deturpar o evangelho de Cristo" (Gálatas 1:7). Isso sendo bastante brando.

Estamos vendo as idolatrias de Roma sendo instauradas nas igrejas chamadas nacionais, e isso não é feito por aqueles chamados, externa e honestamente, romanistas, mas por aqueles que realmente o são em seus corações, ainda que carreguem o nome de protestantes[8].

O Senhor Jesus Cristo era apenas um simples camponês na Galileia, e a vestimenta que Ele usava era análoga à nossa túnica de trabalho comum, uma vestimenta "sem costura, toda tecida de alto a baixo" (João 19:23). Não havia nele um traço sequer de ostentação ou artificialidade, e em tudo o que Ele ordenou, não há qualquer traço de pompa ritualística. Seus seguidores eram batizados em água, mas onde Ele ordenou o uso de sal, óleo e saliva?[9] Onde Ele os mandou fazer o sinal da cruz ou apresentar padrinhos? Seus seguidores se reuniam para adoração e cantavam hinos em

---

[8] Spurgeon aqui fala contra a Igreja Episcopal Anglicana, a igreja nacional da Inglaterra, que ainda guarda grande parte das indumentárias, ritos e cerimoniais antigos, como os da Igreja Católica.

[9] Desde a Idade Média, a cerimônia de batizado na Igreja Católica incluía usar sal e óleo consagrados, e saliva. Usava-se um pouco de saliva nos ouvidos e na língua do batizando, em uma imitação do que Jesus fez com o surdo-mudo em Decápolis (Marco 7:33-34), para que o batizando pudesse ouvir a Palavra de Deus e falar de modo são sobre as coisas da fé. Essa prática foi acabando no século 20 por questões de higiene.

seu louvor, mas onde estavam seus "turiferários"[10] e seus "cruciferários"[11]? Onde estavam as "estações da Via-Sacra"[12]?

Onde estão todas essas coisas nas Escrituras? Elas são invenções de tempos posteriores e mais sombrios, mas Jesus nunca ensinou nada disso; tampouco os seus apóstolos e aqueles que os seguiram conheciam tais superstições. Tudo era apenas a simples e clara mensagem do amor de Deus pela humanidade, e de como os seres humanos deveriam amar uns aos outros, e amar Jesus como seu Salvador, e isso era tudo.

Nosso Senhor instituiu esta ceia simples como o memorial de um Salvador humilde, honesto e sem pretensões, que não tinha subterfúgios espalhafatosos ou artimanhas sacerdotais, mas era simplesmente um ser humano entre seres humanos.

A Ceia do nosso Senhor, no entanto, foi planejada, em seguida, para ser celebrada frequentemente. "Façam isto, todas as vezes que o beberem, em memória de mim". Ele não estabeleceu nenhuma regra sobre quando partiremos o pão, mas o costume era certamente parti-lo no primeiro dia da semana, e acredito que até mais vezes, pois me parece que eles partiam o pão de casa em casa (Atos 2:46). Não se tratava de uma cerimônia que exigisse a presença de um ministro ou padre. Quando os crentes estavam reunidos, partiam o pão em memória de Cristo — qualquer grupo de dois ou três deles —, e assim se lembravam dele.

É muito agradável, quando em viagem, lembrar-se de Cristo em seu próprio quarto, onde dois ou três irmãos se reúnem. Não há nada a fazer a não ser partir o pão e beber o vinho em memória dele. Não conheço

---

[10] Pessoa responsável por encher e manusear o incensário (turíbulo) durante a celebração da eucaristia em igrejas antigas, como a Católica e as ortodoxas, bem como nas Episcopais Anglicanas e certas reformadas.

[11] Pessoa que carrega a cruz em procissões católicas.

[12] Catorze ou quinze paradas (ou "estações") que relembram o percurso que Jesus fez carregando a cruz, desde o Pretório até o Calvário. É uma procissão feita na Páscoa em igrejas ocidentais antigas, como a Católica e a Episcopal Anglicana.

nada mais doce ou mais instrutivo do que esta ordenança divina, que se torna mais impressionante quanto mais vezes a observamos.

A seguir, no entanto, vemos que a ceia deve ser celebrada com frequência. Nossos companheiros na fé escoceses erraram profundamente ao praticá-la tão raramente, mas eles estão se corrigindo.[13]

A frequência da ceia serve para mostrar o quanto precisamos ser lembrados de nosso querido Senhor, pois somos propensos a esquecê-lo. Devemos sempre nos lembrar dele e, por isso, uma instituição destinada a manter viva nossa memória deve ser regularmente observada.

Já que Ele ordena que seus discípulos o façam com frequência, há uma instrução nisso de que devemos constantemente nos lembrar dele no mais íntimo de nosso ser: visto que Ele instituiu a ceia como um memorial, e nada mais, e a concedeu a todos os seus discípulos, ordenando a todos seus seguidores que a observassem em sua memória até que Ele viesse, isto deixa claro que todos nós precisamos nos lembrar dele, e todos precisamos de ajuda para fazê-lo.

Somos todos suscetíveis ao esquecimento; o melhor cristão, o mais elevado em graça, ainda precisa desse memorial, pois ele é propenso a esquecer. Cristãos desviados precisam dele ainda mais, para que suas memórias enfraquecidas sejam reavivadas. Os pecadores fariam bem em olhar para a Ceia do Senhor, pois pode ser que os elementos memoriais de sua morte os levem a lembrar-se de seus pecados e a voltar-se para seu Salvador.

Para chegarmos um pouco mais perto da mesa, no entanto, quero que vocês observem que, quando nosso Senhor nos ordena a nos lembrarmos dele – "Façam isto em memória de *mim*" —, Ele nos dá uma ordenança que *nos traz sua morte diante de nós*.

Ora, isto, embora pareça uma declaração trivial, é um ponto muito importante. O pão é sua carne, o vinho seu sangue. Eles representam essas

---

[13] A Ceia do Senhor é observada uma ou duas vezes por ano na Igreja da Escócia até hoje.

duas coisas, mas eles são separados; o pão não está no vinho, nem o vinho no pão. Os dois, em recipientes separados, representam um corpo com o sangue derramado e, portanto, são o símbolo da morte.

Muito bem, então: quando o Senhor diz: "façam isto em memória de mim", Ele nos dá um memorial de sua morte, que claramente nos ensina que o principal ponto de que devemos nos lembrar de nosso Senhor Jesus é sua morte. Ele mesmo considerou sua morte como o próprio centro, coração e essência do que Ele fixaria em nossas memórias. Portanto, aqueles que dizem que seu exemplo ou seu ensino são tudo, erram muito, pois quando nos lembramos dele, a primeira coisa a ser lembrada é: "Ele nos redimiu para Deus por seu sangue" (Apocalipse 5:9).

"Redentor" é o nome ao qual nossas memórias devem se apegar com mais firmeza. Seu sangue, sua redenção, sua expiação, seu sacrifício substitutivo devem sempre ser mantidos em primeiro plano. "Nós pregamos o Cristo crucificado" (1Coríntios 1:23), e vocês creem no Cristo crucificado. A razão do nosso sucesso, sob Deus, nesta casa de oração é que sempre pregamos o Cristo como o sacrifício expiatório, o substituto do pecador, e quem quer que pregue isso com ousadia, clareza e profundidade, colocando-o como a coroa da mensagem do evangelho, descobrirá que Deus abençoará sua palavra.

Quanto a vocês, se quiserem ter conforto, alegria e paz, apeguem-se à cruz; olhem firmemente para o sacrifício aceito. Nunca se afastem do seu Senhor Jesus e, quando se lembrarem dele, deixem que sua paixão seja o principal pensamento que lhes venha à mente.

Em seguida, observem outra coisa: *esta festividade nos lembra da aliança da graça*. Nosso Senhor Jesus Cristo, enquanto nos pedia para nos lembrarmos dele mesmo, disse a respeito do cálice: "Este cálice é *a nova aliança* no meu sangue". Essa é a palavra. Leiam "testamento", se preferirem, mas tenho certeza de que vocês estão mais próximo do sentido quando leem "a nova *aliança* no meu sangue". E então? Quando me lembro do próprio Jesus, devo tomar o cálice que é o símbolo da aliança.

Ah, amados e amadas! Vocês não podem conhecer a Cristo completamente a menos que entendam a doutrina das duas alianças e o conectem com a aliança da graça. Vocês devem conhecer essa "aliança eterna, em tudo bem-definida e segura" (2Samuel 23:5), pois o cálice é para lembrá-los dela, lembrando-os dele. Cristo é mais bem compreendido quando vocês o veem em seu relacionamento de aliança. Todos vocês sabem sobre essa aliança?

Vocês sabem que houve uma aliança feita com Adão na qual todos nós estávamos incluídos, mas essa aliança fracassou. O pai Adão a quebrou, e todos nós perdemos a bênção que sua obediência nos teria proporcionado. Há, porém, outra aliança feita com o segundo Adão, Cristo Jesus, e porque Ele manteve a aliança, todos os que estão nessa aliança permanecem para sempre nele. "Assim como, em Adão, todos morrem, assim também todos (os que estão em Cristo) serão vivificados" (1Coríntios 15:22). A primeira aliança desgraçou todos os que estavam nela; a segunda aliança salva todos os que estão nela.

Ao tomarmos esse cálice, verdadeiramente reconhecemos e aceitamos alegremente nossa participação naquela aliança que foi feita com Cristo, estabelecida sobre o firme fundamento de sua perfeita obediência.

Contemplem o sangue da aliança eterna! Que o Senhor Jesus seja trazido à sua memória esta noite como o cabeça e fiador da aliança, e ao beberem do cálice, que vocês sintam confiança e alegria nele que é seu Fiador! Que sua alma cante:

> Embora minha casa não esteja em conformidade com Deus, mesmo assim, Ele fez comigo uma aliança eterna, em tudo bem ordenada e segura. Esta é toda a minha salvação e todo o meu desejo.

Vocês veem, então, os oceanos de ensinamentos contidos em um dos emblemas. Não deixem nada se perder.

Além disso, há mais um ponto, e é este: vocês são instruídos por esta instituição que *a melhor maneira pela qual vocês podem se lembrar de Cristo é recebendo-o*. Quanta doçura há nessa verdade, se vocês a recordarem ao se aproximarem desta mesa! Não lhes é pedido que tragam pão com vocês. Ele está aqui. Não lhes é pedido que tragam um cálice com vocês. Ele já está aqui providenciado. O que vocês têm a fazer? Nada além de comer e beber. Vocês têm que ser recebedores, e nada mais.

Bem, agora, sempre que quiserem se lembrar do seu Senhor e Mestre, vocês não precisam dizer: "Devo fazer algo por Ele". Não, não; deixem que Ele faça algo por vocês. "Tomem o cálice da salvação e invoquem o nome do SENHOR" (Salmos 116:13):

> O melhor que alguém como eu pode dar em troca,
> Tão miserável e tão pobre,
> É de seus dons extrair uma súplica,
> E pedir-lhe ainda mais.[14]

Senhor, não posso amar-te como eu gostaria, mas posso aceitar o teu amor. Derrama o teu amor em meu coração agora mesmo. Senhor, não posso servir-te como eu anseio, mas eu te adoro porque te fizeste servo por mim, e lavaste meus pés, como fizeste com os teus discípulos (João 13:1-17). Senhor, não posso trazer brasas ardentes do meu coração frio, mas aqui está meu coração; vem tu mesmo e lança nele as brasas ardentes do teu amor divino!

Ó meus irmãos e irmãs, venham e recebam; venham e recebam! Que mensagem doce para aqueles que sentem como se nada tivessem a

---

[14] *What Shall I Render* [Com o que retribuirei], John Newton, 1774.

oferecer! Vocês não precisam trazer nada, exceto sua fome e sede. Alguém que é convidado para uma refeição não precisa dizer: "Oh, mas eu não tenho pão". Vocês são convidados para um banquete régio, e não precisam trazer pão convosco. Aquele que os convida para sua mesa fornecerá tudo o que vocês desejam e, quando você deseja lembrar-se dele, a melhor e mais segura maneira é desfrutar das boas coisas que Ele coloca diante de vocês.

Assim, mostrei como essa ordenança é apropriada para ajudar nossa memória.

III

Agora, por último, o propósito pelo qual devemos vir, ou seja, para lembrar de Cristo, é algo que, por si só, é muitíssimo. Deixem-me mostrar o que quero dizer.

Há alguém aqui que clama: "Eu me esqueci do meu Salvador. Eu, de fato, o amava. Espero que meu amor não tenha desaparecido por completo, mas pareço estar muito frio e distante. Ai de mim! Eu me esqueci do meu Senhor".

Para onde você deveria ir para ter esse amor revivido e revigorado? Você não deveria vir ao lugar onde será ajudado a se lembrar dele? Ele diz: "Façam isto em memória de mim". Você diz que se esqueceu do seu Senhor. Venha e recorde-se dele novamente. Não permaneça afastado, mas venha com ainda mais avidez. Recorde-se dele como você fez no início, quando veio carregado de culpa e cheio de medos, e quando você simplesmente entregou-se ao seu Senhor e encontrou paz. Venha e descanse nele novamente.

Querido irmão, você que tem medo de que sua primeira profissão de fé tenha sido um erro, venha e comece novamente à mesa. Já chegamos ao meio do verão, e as plantas produzem novos brotos no meio do verão, você sabe; eu quero que você também produza novos brotos. Quê? Você diz que já faz muito tempo desde que pensou em crescer? É hora de pensar nisso de novo. Se o broto da primavera parece ter envelhecido, agora é a hora de um broto de verão, para um novo começo. Comece com Cristo novamente. Arrependa-se e pratique sua primeira obra (Apocalipse 2:5). "Façam isto em memória de mim". Isso não se aplica exatamente a você, que teme ter se esquecido dele por um tempo?

"Oh, mas eu me sinto tão fraco". Sim, porém, quando uma criancinha está muito fraca, ainda há uma coisa que ela certamente pode fazer: lembrar-se de sua mãe. A memória é frequentemente despertada pela nossa necessidade; é bom quando nosso senso de fraqueza nos faz lembrar onde está nossa grande força. Lembre-se, então, do Senhor, que é sua força e sua canção, pois Ele também se tornou sua salvação (Salmos 118:14).

Agora, vocês, pobres fracos e pequeninos, onde estão nesta noite? Com que felicidade eu os ajudaria, mas que melhor ajuda vocês poderiam desejar do que aquela que seu Senhor coloca diante de vocês nestes preciosos elementos memoriais de sua morte!

Eu sei que alguns de vocês têm sido cruelmente maltratados ultimamente. Os fortes disseram coisas duras para vocês. Seu Senhor os convida para um exercício que os reanimará, que os ajudará a esquecer o mau comportamento dos orgulhosos. Vocês pobres, tímidos, trêmulos, meio crédulos e meio duvidosos, e ainda assim são verdadeiramente do Senhor, venham à mesa, venham se lembrar de seu amoroso Redentor! É doloroso lembrar de si mesmos, mas será doce lembrar dele. "Oh", você diz, "eu não consigo esquecê-lo". Estou feliz que você não consiga. Ainda assim, venha aqui e sacie sua memória esta noite, e diga:

> Como esquecer da tua dor
> E do Getsêmani,
> Da agonia, do suor,

E não lembrar de ti?
À cruz volvendo os olhos meus,
Descansarei ali;
Cordeiro, substituto meu,
Lembrar-me-ei de ti.[15]

Há mais uma coisa que direi, e me sinto meio envergonhado de dizê-la: algumas pessoas que se dizem cristãs insistem que não podem vir à mesa porque há certas pessoas ali que, em seu julgamento, não deveriam ter permissão para participar dela. A Mesa do Senhor deve ser um tribunal, onde devemos revisar o veredito da igreja? "Não posso", disse-me um, "juntar-me a uma igreja, porque não consigo encontrar uma que seja perfeita". "Não", disse eu, "e se você não se filiar a uma igreja até encontrar uma perfeita, você deve esperar até chegar ao céu, e, além disso, meu caro amigo, se você encontrar uma igreja perfeita, eles não aceitarão *você*, pois tenho certeza de que não seriam mais perfeitos se o fizessem. Uma ovelha doente teria, então, entrado para o rebanho. Então é inútil você procurar pela perfeição".

"Mas há uma pessoa na Ceia que agiu de maneira leviana." Isso é altamente provável, e essa pessoa pode estar vestindo seu casaco e olhando através de seus olhos. Se você souber de algum caso de pecado aberto, informe os presbíteros da igreja, e isso será tratado com ternura e firmeza. Em uma igreja tão grande como esta[16], pode haver casos de vida errada não conhecidos pelos supervisores do rebanho, mas convidamos todos à cooperação para mantermos a pureza de todo o corpo, e confiamos que a temos.

---

[15] *According to Thy Gracious Word* [versão em português, *Segundo teu falar, Senhor*], James Montgomery, 1825.
[16] O Metropolitan Tabernacle podia comportar até 6 mil pessoas.

Mas agora, digam-me: o que vocês têm a ver com os erros dos outros quando você está se lembrando de Cristo Jesus? Certamente, este é o momento mais inoportuno para julgamentos severos, ou mesmo para quaisquer julgamentos. Conheço muitos irmãos e irmãs com os quais não poderia concordar em certos pontos, mas concordo com eles em lembrar do Senhor Jesus. Talvez eu não possa trabalhar com eles em todas as coisas, mas, se desejam se lembrar de Jesus, tenho certeza de que me juntarei a eles *nisso*. Isso lhes fará bem, e me fará bem pensar em Jesus. Esse querido nome é tão doce para mim que me lembrarei de Jesus com os mortais mais pobres, mais mesquinhos e mais imperfeitos.

Nunca sou mais feliz do que quando estou no meio de vocês, meus amados irmãos e irmãs, e todos nós nos sentamos ao redor da mesa, porque penso em tudo o que o Senhor fez por vocês e por mim. Ora, não vale a pena ir ao céu sozinho. Uma criancinha perdida senta-se na porta de uma mansão em um bairro nobre e chora porque é muito solitária; será essa a nossa posição no céu? Não levaremos amigos conosco lá? Quem quer ficar solitário na Nova Jerusalém? (Apocalipse 21:2) Ah, mas que alegria será vir com todos vocês à mesa, olhar nos rostos de todo o povo de Deus, e crer que o Senhor Jesus Cristo está em cada um deles!

Eles são um grupo simples, cheio de erros, de equívocos e de fraquezas, assim como seu ministro, mas o Senhor os amou e os comprou com seu sangue (Atos 20:28). Ele é um Cristo precioso, não apenas por ter me salvado, mas por ter salvado dezenas de milhares de seus santos em todos os lugares, pois há pessoas que pertencem a Ele em todas as igrejas, mesmo nas igrejas que estão mais cheias de erros. Ele remiu, por meio do seu precioso sangue, seus próprios eleitos no meio de todas elas (Efésios 1:7).

Ora, a visão de vocês me ajuda a lembrar de Jesus e a ter uma ideia melhor dele — do seu Cristo, do meu Cristo, e não somente do nosso Cristo, mas do Cristo de todas as miríades remidas por seu sangue (Atos 5:9-10). Devo então me colocar como juiz e dizer: "Não, não me lembrarei do meu Senhor porque um dos irmãos ou irmãs não se comporta corretamente"?

O que você diria ao seu filho se ele dissesse: "Pai, não irei vê-lo no seu aniversário; não me juntarei ao resto da família na festa costumeira"? "Por que não?", ele indagaria. "Porque meu irmão não é o que deveria ser, e até que ele se corrija, não observarei seu aniversário". Seu pai diria: "Meu querido filho, há alguma razão pela qual você não deve se lembrar de mim? É claro que não sou culpado pelo que seu irmão faz. Venha para a festa e pense em *mim*".

Então, eu digo a vocês que, se têm alguma raiva e diferenças pessoais, não apenas as reprimam, mas acabem com elas. Não venham à mesa até que tenham se livrado delas, pois vocês não têm o direito de vir se não eliminarem toda a ira de uma vez por todas. Livrem-se de todo sentimento ruim que vocês possam ter em relação a qualquer pessoa no mundo, e amem a todos que creem em Cristo, por amor a Cristo, e então venham a esta mesa, e vocês descobrirão que isso os ajudará a se lembrar de seu Mestre, pois vocês se juntarão a outros que se lembram dele. Posso dizer com segurança que vocês provavelmente não verão ninguém pior do que vocês mesmos na mesa. Então venham, e não deixem que o orgulho os impeça.

Que a infinita misericórdia de Deus abençoe a Ceia do Senhor para o povo do Senhor! E quanto àqueles que não podem vir e se lembrar dele porque não o conhecem, que eles possam ir para casa esta noite e buscá-lo, e se o buscarem, Ele se revelará a eles. Se vocês desejam Cristo, saibam que Cristo deseja vocês. Se vocês têm uma centelha de amor por Ele, Ele tem uma fornalha cheia de amor por vocês, e se vocês querem vir a Ele e confiar que Ele os salvará, venham e sejam bem-vindos.

O Senhor os abençoe, por amor ao seu nome! Amém!

SERMÃO PROFERIDO EM 1888.

2

O OBJETIVO DA CEIA DO SENHOR

Porque, todas as vezes que comerem este pão e beberem o cálice, vocês anunciam a morte do Senhor, até que ele venha
1Coríntios 11:26.

PARECE-ME que a Ceia do Senhor deve ser recebida por nós com frequência. Quando o apóstolo Paulo diz em nosso texto: "todas as vezes que comerem este pão e beberem o cálice", e nosso Senhor disse, ao instituir a ordenança: "façam isto, todas as vezes que o beberem, em memória de mim" (1Coríntios 11:25), não direi que suas palavras ensinem de maneira absoluta que devemos vir com frequência à mesa da comunhão; mas realmente acho que elas nos dão uma sugestão de que, se agirmos corretamente, observaremos esta ceia do Senhor com frequência.

Uma ou duas vezes no ano dificilmente podem ser consideradas um memorial suficientemente frequente de alguém tão querido. Na igreja primitiva, é possível que eles partissem o pão todos os dias; a expressão "partiam pão de casa em casa" (Atos 2:46) pode significar isso. Dos registros preservados nos Atos dos Apóstolos, parece que, quando os santos se reuniam no primeiro dia da semana, eles geralmente partiam o pão.

Se há alguma regra quanto ao tempo para a observância desta ordenança, certamente é no Dia do Senhor.[1] De qualquer forma, que seja frequente; não se ausentem muito tempo da mesa, queridos amigos e irmãos; mas, uma vez que seu Senhor instituiu esta ceia como um lembrete necessário e admirável de sua morte (1Coríntios 11:26), cuidem para observá-la com frequência.

Esta ceia é, de acordo com o versículo anterior ao nosso texto, para ser recebida por todos os cristãos: "façam isto [vocês], todas as vezes que [vocês] o beberem". Não é para os apóstolos, nem para alguns que ousam se chamar sacerdotes, mas para os membros da igreja em Corinto e, por implicação, para os membros de todas as igrejas cristãs, que o apóstolo escreve: "Porque, todas as vezes que comerem este pão e beberem o cálice, vocês anunciam a morte do Senhor, até que Ele venha".

Embora possam ser apenas alguns poucos dos cristãos mais pobres e menos instruídos que se reúnem para partir o pão, ainda assim eles estão ajudando a mostrar a morte de Cristo até que Ele venha. É dever e privilégio de todo o povo de Deus, e não apenas de alguns deles, observar esta ordenança.

Ela deve ser observada comendo e bebendo; não apenas comendo, como na igreja romanista: "Todas as vezes que comerem este pão e beberem o cálice, vocês anunciam a morte do Senhor, até que Ele venha". É muito estranho que os papistas tenham tirado o cálice dos chamados "leigos", já que nosso Senhor nunca disse a seus discípulos a respeito do pão: "Comam todos dele"; mas, como se previsse que esse erro surgiria, Ele disse a respeito do cálice, ao apresentá-lo a seus apóstolos: "Bebam todos dele" (Mateus 26:27).

Se vocês deixarem de fora o cálice, estarão deturpando a ordenança; e, como mostrarei a vocês a diante, estarão roubando-a de grande parte de

---

[1] Domingo.

seu significado. Na igreja romanista — eu disse "romanista"? Ora, vejam só! Há outra Igreja, aqui perto, que é sua[2] irmã gêmea, e está se tornando muito parecida com ela; e lá também é ensinado que olhar para o cálice faz bem aos espectadores.

Não é necessário que eles "comunguem" de fato, mas se virem o "sacerdote" levantar o cálice, isso lhes fará um grande bem. Esta é uma nova maneira de abençoar almas. A salvação costumava vir pelo ouvir a Palavra; mas agora, ao que parece, vem por contemplar belas cenas.

Mas o apóstolo diz: "todas as vezes que comerem este pão e beberem o cálice" — não tantas vezes quanto olharem como espectadores, mas tantas vezes quanto realmente se tornarem participantes deste banquete simbólico, "vocês anunciam a morte do Senhor, até que Ele venha".

Percebam que os tradutores colocaram esta frase no modo indicativo, mas é provável que a leitura alternativa seja mais correta, e que possa ser lida no modo imperativo: "todas as vezes que comerem este pão e beberem o cálice, anunciem a morte do Senhor, até que Ele venha". Esforcem-se para fazer isso — percebam que vocês estão fazendo isso — deixem seus sentimentos serem apropriados ao significado da ordenança: "anunciem a morte do Senhor até que Ele venha". Todas as vezes que os verdadeiros crentes se reúnem para comer este pão e beber este cálice, eles mostram, tanto a si mesmos quanto a todos que os observam, a morte do Senhor Jesus Cristo.

Apenas para ressaltar rapidamente, observem que é pão que eles comem, e é vinho que eles bebem; nada é dito sobre transubstanciação[3]

---

[2] Spurgeon fala aqui da Igreja Episcopal Anglicana, a igreja nacional da Inglaterra. Ela é uma igreja que tem seus fundamentos na liturgia e tradições da Igreja Católica da Inglaterra até sua separação da Igreja de Roma em 1534; porém, ela foi grandemente influenciada pela teologia e pensamentos das reformas protestantes e avivamentos ingleses posteriores.

[3] É a doutrina católica da mudança sobrenatural da substância do pão e do vinho no verdadeiro corpo e sangue de Jesus no ato da consagração.

aqui; mas "todas as vezes que comerem este pão" — e é pão, e nada além de pão — "e beberem o cálice", que ainda permanece apenas um cálice e cujo conteúdo é exatamente o que era antes — "vocês anunciam a morte do Senhor, até que Ele venha".

Isto é suficiente sobre as palavras do texto; e, agora, a doutrina que eu quero extrair dele é que: todas as vezes que chegamos à mesa da comunhão, anunciamos a morte de Cristo.

Esse é o grande fim e objetivo da ceia do Senhor: apresentá-la, proclamá-la novamente, tornar a anunciar a morte de nosso Senhor Jesus Cristo.

I

Primeiro, vamos considerar *como esta ordenança realmente representa a morte de Cristo*.

É tudo muito simples. Não há nada além de pão partido e comido, e vinho vertido, e depois bebido. Como isso pode representar a morte de Cristo? Bem, mostra. Tem sido assim desde que foi instituída, e há multidões de fiéis que se deleitam em ver essa morte apresentada por ela.

Primeiro, *ela apresenta o caráter doloroso da morte de Cristo*. É a morte que é simbolizada por esses emblemas, pois há o pão e há o vinho, ambos separados um do outro. Quando a carne e o sangue de uma pessoa estão juntos, não temos a imagem da morte; mas o pão, que representa a carne, completamente separado do vinho, que representa o sangue, é a figura da morte, e a morte em uma forma violenta — morte por ferimento, morte por sangramento.

A separação do sangue vital do corpo é a forma de morte que é manifestamente apresentada aqui a todos os espectadores. Para mim, o próprio pão, quando o partimos, parece dizer: "Desse modo Cristo se torna nosso alimento". O pão passa por muitas "torturas" antes de se tornar alimento para nós. O trigo foi semeado no solo; foi enterrado; brotou; foi exposto ao frio dos ventos frios e ao calor do sol antes de amadurecer; e então foi cortado por uma foice afiada.

Depois de cortado, foi debulhado, depois foi moído em farinha, então a massa foi amassada em pão, que foi assado em um forno, e cortado com uma faca — todos esses processos podem ser usados como imagens de sofrimento. Assim, o pão partido, que se come na comunhão, expressa o sofrimento de Jesus.

E o suco da uva também representa sofrimento, pois os cachos da videira são lançados juntos no lagar, e pisados pelos pés das pessoas, ou de outra forma prensados até que seu "sangue" vital jorre. Assim também o Salvador foi prensado no lagar da ira do Senhor até que seu sangue foi derramado em nosso favor (Isaías 63:3-6). Esta Ceia apresenta, a todos que escolherem vê-la, a dor da morte de Cristo.

Ela apresenta, em seguida, que *foi uma morte de um tipo específico, uma morte para os outros*, assim como este pão é para que comamos, e este cálice é para que dele participemos. Então declaramos, por meio desta ordenança, a todos que olham — e especialmente a nós mesmos: "Quando o Senhor Jesus morreu, Ele morreu por todo o seu povo". Aqui declaramos que cremos na substituição — que Cristo morreu, "o Justo pelos injustos, para nos levar a Deus" (1Pedro 3:18), e que "Ele mesmo levou em seu corpo os nossos pecados sobre o madeiro" (1Pedro 2:24). Este é o ensinamento desta Ceia: que a morte de Cristo foi uma morte dolorosa, e uma morte em favor dos outros.

Esta ceia também mostra que *cremos que a morte de Cristo é aceitável a Deus*. Por que estendemos esta mesa aqui, no lugar em que habitualmente nos reunimos para adoração? Isso também é um ato de adoração? Certamente é, e um dos mais elevados. Mas não ousaríamos colocar esses símbolos memoriais da morte de Cristo diante do Pai se não soubéssemos que o Pai havia aceitado a Cristo. Porém, "ao Senhor agradou esmagá-lo" (Isaías 53:10), e Ele ficou satisfeito com o sacrifício que seu

Filho ofereceu. Ele sentiu um doce sabor de descanso na morte de seu querido Filho.

Portanto, quando o adoramos da maneira mais humilde e da maneira mais solene, dizemos ao Senhor: "Sabemos que aceitaste a expiação oferecida por teu querido Filho, e o apresentamos diante de toda a humanidade como o sacrifício aceito diante da face de seu Pai".

E acho que também queremos dizer, por meio desta ordenança, que *o sacrifício de Cristo é completo e perfeito*. Não desejaríamos mostrá-lo aos outros se não fosse digno de ser visto, não é verdade? Se fosse incompleto, poderíamos muito bem mantê-lo em segundo plano até que Cristo o tivesse terminado; mas porque o grito "Está consumado" ecoou dos lábios do Sofredor agonizante do Calvário (João 19:30), nós nos alegramos em apresentar sua morte a todos os que vêm aqui.

Contemplem e vejam que Ele não pagou parcialmente o preço, mas pagou tudo. Vejam aqui, Ele consumou sua obra expiatória, de tal forma que preparou um banquete ao qual seus servos podem vir e se alegrar com grande alegria. Se o sacrifício não tivesse sido consumado, ainda não seria tempo de banquetear; mas está completo, e por isso o mostramos desta forma.

Outra grande verdade que ensinamos a todos que nos veem na mesa da comunhão é esta: *Jesus Cristo morreu, e nós vivemos pela sua morte*. Este pão e este vinho são os emblemas de seu corpo partido e seu sangue derramado; e, portanto, nós os comemos e bebemos, e assim dizemos a vocês que a morte de Cristo é a nossa vida.

Quando queremos ficar espiritualmente mais fortes, sempre nos alimentamos da verdade de que Cristo morreu por nós? Algum de vocês nega a doutrina da substituição? Nós lhe dizemos que ela é a própria essência do nosso ser — que, daqui para frente, ela se torna a fonte da vida para nós. Não poderíamos ser felizes — não poderíamos ter paz — se isso fosse tirado de nós.

Meu coração fala agora em palavras de verdade e sobriedade, e diz: "Não há verdade que eu ouse negar; mas, a respeito desta verdade do sacrifício substitutivo de Jesus Cristo, seria absolutamente impossível para mim duvidar dela".

Torturas e suplícios podem rasgar as cordas que estão amarradas ao redor do meu coração, mas eles nunca podem fazer com que eu largue de Jesus Cristo, meu Senhor. Não! O Cordeiro do Calvário, sangrando em nossa situação, condição e lugar, tornou-se essencial ao nosso próprio ser, e não podemos — não devemos — não iremos obscurecer essa doutrina bendita de seu sacrifício substitutivo. Ela não é absolutamente tudo para nós?

Também dizemos aos queridos amigos e amigas que olham para este banquete que *a morte de Jesus Cristo agora se tornou para nós a fonte de nossa maior alegria*. Não estamos prestes a celebrar um funeral. Quando chegamos a esta mesa, não chegamos ali com um aspecto triste. Sei que agradou às autoridades de certas igrejas fazer as pessoas ajoelharem-se diante do que chamam de altar; mas por que elas têm que se ajoelhar? Há alguma passagem da Escritura que sequer sugira algo assim?

Na Páscoa, os israelitas estavam de pé com os cintos apertados e os cajados nas mãos (Êxodo 12:11). Por que isso? Porque eles esperavam sair do Egito, e ainda não estavam fora da terra da escravidão. Aquele que está sob a lei, quando come sua Páscoa, deve comê-la com os cintos apertados e com o cajado na mão; mas como os discípulos comeram a ceia do Senhor? Ora, reclinados na postura mais confortável possível.

Foi uma ceia muito solene, mas foi uma ceia. Foi a refeição comum, consagrada pelo Senhor ao grande propósito de apresentar sua morte; e exigir que nos ajoelhemos para recebê-la é, na minha opinião, tirar grande parte do ensino dela. Devemos sentar-nos durante a comunhão tão confortavelmente quanto possível — como faríamos em nossa própria mesa, porque "nós, os que cremos, entramos no descanso" (Hebreus 4:3); e parte do ensino da Ceia do Senhor é que agora, em Cristo, temos paz perfeita, e descansamos nele enquanto nos alimentamos dele. Esta ordenança é um banquete, não um assunto para tristeza, mas um tema para deleite.

E mais uma vez, amados e amadas, quando chegamos à mesa do Senhor para mostrar a morte de Cristo, *nós a mostramos como o vínculo da união cristã*. O ponto de união entre os cristãos é a morte do Senhor Jesus Cristo. Receio que levará muitos anos até que todos os que creem concordem a respeito do batismo. Espero que as visões corretas sobre essa ordenança estejam se espalhando, mas não me parece ser um ponto em que todos os cristãos provavelmente ainda se unam.

Mas, a respeito da morte de nosso Senhor, todos os que realmente são seu povo estão de acordo. Se estamos nele, nos alegramos naquela grande verdade fundamental, "que Cristo morreu por nossos pecados, segundo as Escrituras" (1Coríntios 15:3), e nos deleitamos em pensar que, por sua morte, Ele nos remiu da morte.

Então, queridos irmãos e irmãs, se vocês não conseguem chegar a um entendimento mútuo com outros cristãos e cristãs em certas doutrinas, porque alguns de vocês são fortes em Cristo (Romanos 15:1), e outros são apenas bebês, e os bebês não conseguem quebrar as nozes ou comer a alimento forte do qual alguns se alimentam (1Coríntios 3:1,2), vocês podem se unir em Cristo.

Ele é como o maná, que servia a todos os israelitas no deserto (Números 11:4-9); jovens ou velhos, todos eles podiam se alimentar do maná, e assim todos os santos podem se alimentar de Cristo (João 6:48-51). E quando nos sentamos à mesa da comunhão, dizemos a todo o mundo: "Somos todos um em Cristo Jesus; não viemos a esta mesa como batistas, ou episcopais, ou metodistas, ou presbiterianos; viemos aqui simplesmente como aqueles que formam um corpo em Cristo, aqueles que concordam em mostrar a toda a humanidade a morte de nosso adorável Senhor".

II

Em segundo lugar, vamos considerar por que o Senhor tomou meios para mostrar esta verdade.

Há muitas verdades importantes na Bíblia, e cada verdade deve ser lembrada; mas não foi para cada uma delas que o Senhor instituiu uma ordenança específica para mantê-la na memória. A doutrina da eleição é uma na qual cremos firmemente; mas não temos nenhum sinal, tipo ou símbolo especial para demonstrá-la.

É a morte de Cristo que é representada por esta ceia memorial. Por que ela foi escolhida? Eu respondo: *porque é a mais vital de todas as verdades*. Sobre a morte sacrificial de Cristo, não deve haver qualquer disputa na Igreja cristã. Essa doutrina deve permanecer para sempre como um fundamento inquestionável do evangelho. Uma vez afastada a morte expiatória de Jesus Cristo, tirou-se o sol dos céus da Igreja. Na verdade, tirou-se toda a razão para a própria existência da Igreja de Cristo.

Acho que foi o Dr. Priestley[4], que era unitariano[5], e que tinha um irmão que era um sólido teólogo calvinista, o qual fora visitá-lo, e ele concordou em deixá-lo pregar para ele, em uma manhã de domingo, com a condição de que ele prometesse não pregar sobre nenhum assunto controverso. O bom senhor deu-lhe a promessa, mas depois arrependeu-se de tê-la feito; ainda assim, ele conseguiu cumprir sua promessa e também limpar sua consciência, pois pregou, na manhã do domingo seguinte, deste texto: "Sem controvérsia, grande é o mistério da piedade: Deus

---

[4] Joseph Priestley (1733-1804) foi um químico, unitariano, filósofo natural, teólogo separatista, gramático, educador multidisciplinar e teórico político liberal clássico inglês. Ele publicou mais de 150 trabalhos e conduziu experimentos em diversas áreas da ciência.

[5] O unitarismo é uma corrente teológica que não crê na trindade como sendo o ensinamento bíblico sobre a Divindade. Entende o ensinamento bíblico como Deus sendo apenas o Pai, e nem Jesus, nem o Espírito Santo tendo essência divina.

foi manifesto na carne" (1Timóteo 3:16). A partir desse versículo, ele demonstrou que a divindade de Cristo é uma verdade sobre a qual não poderia haver controvérsia.

Colocamos a doutrina de seu sacrifício substitutivo na mesma categoria; não há cristianismo verdadeiro sem ela. Teremos apenas a casca e o invólucro, se se tirar esta grande verdade central do evangelho. A justiça de Deus é demonstrada pela morte de seu Filho amado, e, com base nisso, o perdão gratuito é proclamado pela graça de Deus ao maior dos pecadores que crer nele.

Essa doutrina, que alguns desprezam e condenam, é a própria essência do evangelho de Cristo. Não temos dúvidas quanto à verdade dela, nem falamos sobre ela com hesitação; pois nosso Senhor Jesus instituiu esta ceia para manter esta verdade constantemente diante dos homens, porque é o ponto mais vital de todo o evangelho.

Outra razão é que *muitos combatem esta doutrina*. Ela tem sido um ponto para o qual muitos convergem para lutar contra Cristo. Todos os adversários de Cristo se reúnem contra essa verdade. Sempre que alguém se desvia da sã doutrina em outros pontos, se você investigar a fundo, descobrirá que ele se tornou insensível à doutrina da expiação. O sacrifício substitutivo de Cristo é o principal alvo dos inimigos do evangelho.

Eles não conseguem suportá-lo. Dizem-se escandalizados pelo nosso uso frequente da palavra "sangue"; no entanto, essa palavra é uma das mais proeminentes tanto no Antigo quanto no Novo Testamento, por isso continuaremos a proclamar: "sem derramamento de sangue, não há remissão" (Hebreus 9:22), e "o sangue de Jesus, seu Filho, nos purifica de todo pecado" (1João 1:7).

Esta mesa da comunhão apresenta o corpo partido e o sangue derramado de Jesus Cristo, nosso Senhor e Salvador, e assim traz seu sacrifício expiatório diante das mentes das pessoas; e assim sua igreja, sempre que observa esta ordenança, proclama a morte de Cristo diante de todos os opositores, e continuará a fazê-lo "até que Ele venha".

Sem dúvida, o Senhor também instituiu um símbolo para preservar e propagar essa verdade, *porque ela é a maior fonte de consolo para os pecadores*. Pobres almas, não há conforto para vocês até que saibam que Cristo morreu em seu lugar. Sua consciência, se realmente estiver despertada, nunca será apaziguada com cerimônias; nem ficará contente com preceitos morais que vocês não podem cumprir; nem será acalentada com a ideia de que sua própria religiosidade alguma vez irá salvá-los. Sua consciência desperta faz vocês perguntarem: "Como Deus pode ser justo e ainda assim me perdoar?" E é o corpo martirizado de seu Senhor que responde a essa pergunta.

> Até que Deus em carne humana eu veja,
> Meus pensamentos conforto não encontram;
> Os Três santos, justos e sagrados
> Espantos para minha mente são.[6]

Mas quando vocês vierem a ver Cristo na cruz morrendo em seu lugar, então o conforto virá à sua mente, ó buscadores desorientados; mas não antes disso. Por isso é que Deus ordena que seus ministros preguem Jesus Cristo, e Ele crucificado, e é por isso que, sempre que chegamos a esta mesa, proclamamos sua morte, porque os pecadores precisam disso acima de qualquer outra coisa.

E, amados e amadas, há outra razão, eu penso pela qual esta verdade foi escolhida para ser apresentada nesta ceia memorial, a saber, *que ela pode certificar a verdade para sua própria alma*. Que flecha atravessará o coração do pecado a menos que seja banhada no sangue de Jesus? Mas quando vejo o

---

[6] *God reconciled in Christ* [Deus reconciliado em Cristo], Isaac Watts, 1709.

pecado punido em Cristo, vejo sua gravidade. Quando vejo Cristo morrer pelo meu pecado, encontro a grande motivação para eu morrer para o meu pecado. Quando contemplo suas tristezas e dores em meu favor, vejo uma razão pela qual devo fazer sacrifícios abundantes para que eu possa glorificá-lo. Amados e amadas, a morte de Cristo é a grande matadora do pecado; e aquele que verdadeiramente a conhece e a entende, sentirá seu poder santificador.

Ao mesmo tempo, *esta verdade glorifica grandemente a Deus*. Quando é que louvamos a Deus com mais intensidade senão quando, como pobres pecadores culpados, nos ajoelhamos aos pés da cruz e vemos que Cristo morreu por nós? As canções mais doces do mundo são aquelas cantadas ao redor da cruz por pecadores salvos pela graça soberana; e cada um deles canta ao Senhor: "Purifica-me com hissopo, e ficarei limpo; lava-me, e ficarei mais alvo que a neve (Salmos 51:7); então cada parte do meu ser te louvará, e toda a minha alma romperá em êxtase, magnificando e bendizendo o nome do Senhor, que é capaz de remover transgressões como as minhas por meio do precioso sangue de seu amado Filho". Você será, portanto, capaz de glorificar a Deus quando vier a esta mesa e meditar sobre o grande sacrifício expiatório pelo qual seu pecado é removido para sempre.

Sinto que posso dizer, sem vanglória, que meu ministério e esta ordenança estão em perfeita harmonia. Há muito tempo prego a vocês Jesus Cristo, e Ele crucificado (1Coríntios 2:2). Tenho pregado de maneira completa seu sacrifício vicário; e quando vocês vêm a esta mesa, podem perceber que a verdade que lhes preguei se alinha perfeitamente a esta ordenança. Mas como alguém pode tentar combinar uma filosofia fria e sem vida a este culto? Se deixaram de lado a grande doutrina central da expiação, como podem fazer da comunhão algo que não seja uma mera farsa? Na verdade, poderiam simplesmente remover esse símbolo de seus cultos, pois a substância já lhes foi retirada.

Mas não pode ser assim conosco, pois sabemos que Deus quer que seu povo pense sempre em Jesus; Ele quer que falem de Jesus frequentemente; Ele quer que testemunhem a morte de Jesus continuamente; e, portanto, faz desta comunhão a mais doce das ordenanças, apontando-nos, com dedo infalível, para Cristo na cruz.

III

Agora, em terceiro lugar, percebam, por favor *a perpetuidade desta ordenança, e a razão para essa perpetuidade*. "Vocês anunciam a morte do Senhor, *até que Ele venha*". Quando Ele vier, não precisaremos destes símbolos, pois teremos o próprio Mestre conosco, mas *"até que Ele venha"*, devemos observar esta ordenança.

O que eu aprendo com isto? Ora, queridos amigos e amigas, que *sua morte será eficaz "até que Ele venha"*. Vocês não são chamados para mostrar ao mundo algo que está desgastado; vocês não vêm a esta mesa para apresentar às pessoas, que observarão, algo cuja força está esgotada. Oh, não! Vocês ainda podem cantar:

> Querido Cordeiro morto, teu precioso sangue
> Nunca perderá seu poder;
> Até que toda a igreja resgatada de Deus
> Seja salva para não mais pecar.[7]

E toda vez que qualquer um de vocês, que não é convertido, mas está buscando o Senhor, vir esta mesa estendida, deve dizer a si mesmo: "Essas pessoas creem que ainda há eficácia no sangue de Cristo, ou então não manteriam a observância dessa ceia". Sim, nós cremos exatamente nisso, e

---

[7] *There's a Fountain filled with Blood* [Há uma fonte replete com o sangue], William Cowper, 1772.

cremos que Jesus é capaz de salvá-lo agora se você vier a Ele — capaz de, imediatamente, conceder paz e perdão ao seu coração se você confiar nele.

Outra coisa que aprendo com nosso texto é que, como esta ceia deve ser celebrada "até que Ele venha", *isso significa que sempre haverá uma Igreja de Cristo para celebrá-la.* Sempre houve uma Igreja de Cristo desde que Ele a fundou. Nos dias mais sombrios do papado, Cristo sempre teve sua pequena igreja para observar essa ordenança. Nas catacumbas de Roma, nas montanhas da Boêmia[8], nos vales de Vaud[9], nos desfiladeiros selvagens da Escócia e em quase todas as terras, no simples partir do pão e no verter do vinho, os crentes continuaram a lembrar-se da morte de Cristo, ainda que se reunissem colocando suas vidas em perigo.

E até mesmo nesses dias melhores, nos quais podemos nos encontrar dois ou três de cada vez, ou centenas ou milhares de uma vez, para partir o pão e beber vinho em memória de nosso Senhor morto, sempre houve uma igreja de Cristo, e sempre haverá uma igreja de Cristo, então não se desesperem, por mais sombrios que os dias ainda possam ser. Nem Roma nem o próprio inferno podem apagar a chama que foi acesa pelo Senhor, e haverá uma igreja de Cristo "até que Ele venha".

É verdade que sempre haverá pessoas que se oporão a essa doutrina, e uma razão pela qual vocês devem continuar a observar essa ordenança é porque sempre haverá algumas pessoas que negarão a morte substitutiva de Cristo. Caros amigos e amigas, e companheiros de ministério como eu no Senhor, parece-me algo tão doce pensar que todos os comungantes nesta ordenança esta noite estarão ajudando a pregar um sermão sobre nosso texto.

---

[8] Parte da atual República Tcheca onde se formou a Igreja dos irmãos Morávios na metade do século 15.

[9] Região nos Alpes entre Suíça, França e Itália, onde se originou a Igreja Valdense, por volta do século 12.

Eu sozinho devo pregar, mas vocês, que se reunirão em torno da mesa da comunhão, se unirão neste ato, pelo qual todos diremos: "Cristo morreu na cruz do Calvário, Cristo morreu por nós"; e todas as outras verdades que tenho mencionado a vocês. Pelo próprio comer do pão e beber do vinho, vocês proclamarão novamente que há alguns que creem no Salvador que sangra — alguns que ainda creem nele ter morrido em seu lugar, tomando sua posição e assumindo seu castigo. Deixem que outros neguem, se quiserem; contudo, vocês manterão esse testemunho. Amados e amadas, esta ordenança deve ser perpétua, *porque os corações cristãos sempre precisarão dela.*

Houve algumas pessoas, há pouco tempo, que pensavam ter atingindo um nível de perfeição tão elevado (pelo menos em sua própria estimativa), que eu pensei, na época, que logo desistiriam da observância das ordenanças. Li sobre um deles, que disse que não orava mais, pois sua mente estava tão perfeitamente santificada e conformada à vontade de Deus que ele não precisava pedir nada a Deus! Pobre tolo! Isso é tudo o que eu posso dizer de uma pessoa em tal estado de coração.

Quando alguém pensa que prescinde da oração, tem necessidade urgente de começar sua vida cristã novamente; e o mesmo se aplica àqueles que prescindem das ordenanças. Cristo sabia que nunca seríamos capazes, nesta vida, de viver sem ordenanças externas; Ele sabia que seu povo se esqueceria até dele mesmo; então, Ele nos deu este duplo "lembrete" — este doce memorial de sua morte, para que, sempre que o observarmos, possamos fazê-lo em memória dele.

Além disso, *o próprio mundo sempre precisará desta ordenança.* Nunca chegará um dia em que o mundo não precisará ter o Cristo crucificado diante dele; nunca haverá uma hora em que não haverá corações quebrantados que não precisam de consolo, almas errantes que não precisam ser resgatadas, e outros que buscam se salvar por seus próprios esforços que não precisarão ser ensinados que a salvação está em Outro, e só pode ser encontrada no Cordeiro do Calvário que derramou seu sangue. Que Deus nos ajude a manter esse testemunho pelo bem do mundo, pelo bem do pobre pecador, por nós mesmos e por Cristo, "até que Ele venha".

IV

Terei terminado quando fizer outra observação, que é esta: se o que eu disse sobre essa ordenança é verdade, então, *participemos dela*. Se, por meio dela, apresentamos a morte de Cristo — se nossa vinda à mesa da comunhão chama a atenção para esse grande fato —, se nos unimos, neste ato de comunhão, em testemunho da morte de Cristo, participemos dela.

O que devo dizer a alguns de vocês que, presumo, têm Cristo como seu Mestre, mas que nunca obedeceram a essa ordem dele? Deixe-me perguntar-lhes: Ele já lhes deu alguma isenção da observância desta ordenança? E deixe-me perguntar também: se Ele achou por bem instituí-la, vocês não deveriam achá-la digna de ser observada. Ele a instituiu para que vocês a negligenciassem? Ele instituiu alguma ordenança que seja correto seu povo negligenciar? Vocês sabem o quanto já perderam por sua desobediência ao mandamento de seu Senhor?

Vocês me dizem que isso não os salvará. Eu sei disso; e vocês sabem tão bem quanto eu que não deveriam vir à comunhão se pensassem que isso os salvaria, pois ninguém é convidado a vir, exceto aqueles que já estão salvos. Mas eu gostaria que vocês olhassem para este assunto da maneira como um pobre jovem falou da outra ordenança instituída por Jesus.

Ele não tinha todo o seu juízo, mas a graça de Deus estava operando dentro dele, e enquanto ele estava morrendo, seu principal arrependimento era não ter sido batizado. Sua irmã lhe disse: "Bom, mas você sabe, Isaac, que o batismo não vai te salvar". Ele respondeu: "Eu sei muito bem disso, pois já estou salvo; mas...", ele acrescentou, "espero encontrar o

Senhor Jesus Cristo muito em breve, e não gostaria que Ele me dissesse: 'Por que você não fez essa pequena coisa para me agradar?'".

Há muita força nessa observação. Quanto menor a coisa, maior é a razão pela qual devemos cumpri-la sem demora, para que não venhamos a dizer: "Eu não faria uma coisa tão pequena para agradar a Cristo". Se ir à mesa da comunhão os salvasse, é claro que vocês viriam por puro interesse próprio; mas se sua religião não é nada além de interesse próprio, que o Senhor tenha misericórdia de vocês e lhes dê uma muito melhor!

É privilégio dos salvos mostrar sua obediência a Cristo e seu amor a Ele ao irem à sua mesa. Vocês acham que podem olhar para Ele no rosto e dizer: "Meu Senhor, tu instituíste esta ordenança para ser observada em memória de ti, mas eu nunca a observei"? Que Ele não olhe para vocês e diga: "É apenas uma coisa pequena, e é para o bem da sua alma — vocês não podem fazer isso por mim?" Vocês deveriam questionar se estão em um estado correto de coração, se podem ser negligentes com esta ordem do seu Senhor.

Mas também devo falar com aqueles que observam a ordenança de maneira exterior, mas que não entram no verdadeiro espírito dela. Aqueles que vêm corretamente à mesa mostram a morte de Cristo "até que Ele venha"; mas temo que haja, em todos os cultos de ceia, alguns que não meditam corretamente sobre a morte de Cristo. Sempre me sinto muito triste, quando presido esta ordenança, se percebo que meus pensamentos se desviam da última cena terrível na cruz. Eu preferiria não estar à mesa do meu Senhor do que estar aqui pensando em outra coisa além de seus sofrimentos e morte. Qual pode ser a utilidade da ordenança externa, se a graça interior e espiritual estiver ausente?

Implorem ao Senhor para restringir todos os seus pensamentos à cruz. Façam desta sua oração: "Amarra o sacrifício com cordas, até aos chifres do altar" (Salmos 118:27), e que esse altar seja o corpo partido do seu Senhor sobre o madeiro. Que nele eu pense, e que nele eu descanse durante todo o culto da ceia, e que eu cuide para que eu mostre, reverente e humildemente de coração, sua morte "até que Ele venha".

Venham então, amados e amadas, indignos como vocês são, venham à sua mesa. Venham tremendo por causa de seus pecados, mas alegrando-se no sacrifício de Cristo, e gratos por seu grande amor. Venham e confiem nele novamente; venham e entreguem-se a Ele mais uma vez; venham e renovem seus votos de afeição e devoção. Venham e coloquem seu dedo na marca dos pregos, e enfiem sua mão em seu lado perfurado (João 20:27).

Não, mais do que isso: digam o que a esposa faz quando começa o Cântico dos Cânticos: "Beije-me com os beijos de sua boca! Porque o seu amor é melhor do que o vinho" (Cântico dos Cânticos 1:2). Procurem chegar-se perto dele, entrar em contato íntimo com Ele; e quando fizerem isso, segurem-no firme, e não o deixem ir, mas reúnam seus amigos e amigas, e irmãos e irmãs cristãos, e digam-lhes: "Aqui está o Mestre; venham comigo, e vamos juntos ter doce comunhão com Ele".

Se, esta noite, na mesa da comunhão, eu pudesse assim agarrar o grande Anjo da Aliança (Malaquias 3:1), acho que me sentiria inclinado a segurá-lo até o amanhecer, como Jacó fez em Jaboque; e se Ele fizesse meus nervos encolherem (Gênesis 32:24,25), ainda assim eu bendiria seu nome por Ele me conceder de ficar e lutar comigo. Se vocês puderem entrar em contato com Ele, tomem esta decisão: que vocês não o largarão de jeito nenhum, e lhe dirão: "Não te deixarei ir, se não me abençoares" (Gênesis 32:26).

Sermão proferido em 1877.

3

DESFALECENDO E REVIVENDO AOS PÉS DE CRISTO

Quando o vi, caí a seus pés como morto. Porém ele colocou a mão direita sobre mim e disse: 'Não tenha medo. Eu sou o primeiro e o último e aquele que vive. Estive morto, mas eis que estou vivo pelos séculos dos séculos e tenho as chaves da morte e do inferno.

APOCALIPSE 1:17-18

NÃO temos nada agora em que pensar, a não ser em nosso Senhor. Viemos a Ele para que Ele nos faça esquecer de todos os outros. Não estamos aqui como ministros, sobrecarregados com muito servir, mas agora nos sentamos a seus pés com Maria (Lucas 10:39), ou nos reclinamos em seu peito com João (João 13:25). O próprio Senhor nos dá nossa divisa, enquanto reunimos nosso grupo para a última assembleia. "*Lembrem-se de mim*", é sua ordem amorosa (1Coríntios 11:24). Nós imploramos a Ele para preencher nossa memória completamente, como o sol preenche os céus e a terra com luz. Devemos pensar somente em Jesus e somente dele falarei. Oh, por um toque da brasa viva daquele que é nosso Altar (Isaías 6:6), bem como nosso Sacrifício (Hebreus 10:12)!

Meu texto encontra-se nas palavras de João, no capítulo um do Apocalipse, nos versículos dezessete e dezoito:

> Quando o vi, caí a seus pés como morto. Porém ele colocou a mão direita sobre mim e disse: "Não tenha medo. Eu sou o primeiro e o último e aquele que vive. Estive morto, mas eis que estou vivo pelos séculos dos séculos e tenho as chaves da morte e do inferno".

João era, de todas as pessoas, o amigo mais íntimo de Jesus, e seu Senhor nunca precisou dizer-lhe: "Você me ama?" (João 21:15). Penso que, se alguém pudesse ter ficado firme na presença do Salvador glorificado, teria sido aquele discípulo a quem Jesus amava (João 13:23). O amor nos permite tomar grandes liberdades: o filho subirá nos joelhos de seu pai, que é rei, e ninguém o acusará de ser atrevido. João tinha tanto amor e, no entanto, nem mesmo ele conseguia olhar para o rosto do Senhor da glória sem ser dominado pelo temor.

Enquanto ainda no corpo, até mesmo João desfaleceu ao ser favorecido com uma antecipação da visão do Bem-amado em sua majestade. Se nos for permitido ver o Senhor antes que nossos corpos tenham passado por aquela transformação maravilhosa pela qual somos feitos semelhantes a Jesus para que possamos vê-lo como Ele é, descobriremos que a visão será mais do que podemos suportar. Uma visão clara do esplendor celestial de nosso Senhor enquanto estamos aqui na terra não seria adequada, pois não nos seria proveitoso ficarmos sempre desfalecidos aos pés de nosso Redentor, enquanto há tanto trabalho a fazer.

Permitam-me, queridos irmãos, tirar meu texto de seu contexto, e aplicá-lo a nós mesmos, trazendo-o do trono lá em cima para a mesa aqui. Pode ser que — eu confio que será — ao vermos Jesus aqui mesmo, *cairemos com João a seus pés como mortos*. Não desfaleceremos, mas estaremos mortos em outro sentido, mais docemente mortos, enquanto nossa vida for revelada nele. Depois de pensarmos sobre isso, chegaremos ao que meu texto implica: assim, *que possamos reviver com João*, pois se ele não tivesse revivido, ele nunca poderia ter nos contado sobre seu desfalecimento. Assim, teremos morte com Cristo e ressurreição nele. Oh, que tenhamos uma experiência profunda de ambos, pelo poder do Espírito Santo!

I

Se nos for permitido ver Cristo nos simples e instrutivos elementos memoriais que agora estão sobre a mesa, então nós, em um sentido bendito, *cairemos a seus pés como mortos*.

Pois, primeiro, vemos aqui *provisão para a remoção de nosso pecado*, e, ao mesmo tempo, somos lembrados dele. Aqui está o pão partido porque quebramos a lei de Deus, e estaríamos eternamente despedaçados se não houvesse um Salvador que foi ferido. Neste vinho, vemos o símbolo do sangue com o qual devemos ser purificados, ou então seremos rejeitados como coisas imundas para sermos lançados nas chamas de Tofete[1], pois somos abomináveis aos olhos de Deus. Já que temos diante de nós o memorial da expiação pelo pecado, ele nos lembra de nossa antiga morte no pecado, na qual ainda teríamos permanecido, se não fosse pela graça que nos conduziu à vida e à salvação.

Vocês têm se engrandecido? Sejam humildes de novo, pois vocês veem que não são nada além de escravos que foram resgatados. O título que melhor descreve sua condição continua sendo este: "Pessoas libertas de Deus". Vocês estão começando a pensar que, porque são santificados, têm menos necessidade de purificação diária? Ouçam esta palavra: "Se andarmos na luz, como Ele está na luz, mantemos comunhão uns com os outros"; contudo, mesmo então "o sangue de Jesus, seu Filho, nos purifica

---

[1] Local no Vale de Hinom (= Geena) onde o lixo era incinerado.

de todo pecado" (1João 1:7). Pecamos mesmo quando estamos na mais alta e divina comunhão, e ainda precisamos do sangue purificador.

Como isso nos humilha diante do Senhor! Devemos ser ganhadores de pecadores e, no entanto, nós mesmos ainda somos pecadores, precisando tão verdadeiramente do Pão da vida (João 6:35) quanto aqueles a quem o servimos. Ah! E alguns de nós fomos pecadores notórios e, portanto, se amamos muito, é porque fomos muito perdoados (Lucas 7:47). Erramos mesmo depois de conhecermos o Salvador, e esse tipo de pecado nos pesa ainda mais. Pecamos, ainda depois de termos provado as alegrias espirituais mais sublimes e depois de termos estado com Ele no monte santo e contemplado sua glória! Isso nos enche de uma vergonha santa.

Podemos muito bem cair aos pés de Jesus, mesmo que Ele só se revele no pão e no vinho, pois esses elementos nos lembram tanto de nossa culpa quanto do modo pelo qual nosso Senhor lidou com nosso pecado e o removeu. Aqui descemos tão baixo quanto os mortos. Onde está o "eu"? Onde está a presunção? Será que sobra alguma coisa dela na presença do Salvador crucificado? Ao nos aproximarmos desta mesa para, em espírito, nos alimentarmos de sua carne e beber seu sangue, será que ainda podemos nos gloriar em nossa própria carne, ou sentir o orgulho do sangue e do nascimento nobres? Que vergonha para nós se houver qualquer vestígio de orgulho em nosso ministério, ou qualquer resquício de presunção por nosso sucesso! Quando vemos Jesus, nosso Salvador, o Salvador dos pecadores, certamente o eu irá declinar, e a humildade cairá a seus pés. Quando pensamos no Getsêmani e no Calvário, e em toda a dor e agonia de nosso grande Redentor, certamente, pelo Espírito Santo, a presunção, o egoísmo e a obstinação devem cair como se tivessem sido mortos por uma ferida mortal. "Ao vê-lo, caí aos seus pés como morto".

Aqui, também, aprendemos uma segunda lição: *Jesus colocou alimento sobre esta mesa*. O pão apresenta tudo o que é necessário, e o cálice, tudo o que é abundante: provisão para todas as nossas necessidades, e para todos os nossos justos anseios, tudo de que precisamos para sustento e alegria. Então, que alma empobrecida sou eu, que não consigo me encontrar no pão! Quanto aos confortos, posso não pensar neles: eles devem ser dados a mim, ou nunca os provarei. Irmãos e irmãs, somos pessoas simples do povo que dependem da generosidade de nosso grande Parente-resgatador[2] (Rute 3:9): viemos à mesa dele para nossa subsistência; não temos provisões de nós mesmos.

Aquele que alimenta os pardais (Mateus 6:26), alimenta nossas almas. No que se refere às coisas espirituais, tal como os pássarmos benditos, não somos os que ajuntam em celeiros. Nosso Pai celestial nos alimenta de "toda plenitude" (Colossenses 2:9-10) que lhe agradou juntar para nós em Jesus. Não poderíamos viver uma hora espiritualmente sem Ele, que não é apenas pão, mas vida (João 6:51), não apenas o vinho que alegra, mas a própria consolação. Nossa vida depende de Jesus. Ele é nosso Cabeça (Colossenses 1:18), bem como nosso alimento. Nunca superaremos nossa necessidade de pão natural e, espiritualmente, nunca ultrapassaremos nossa necessidade de um Cristo presente, mas sentiremos um desejo mais forte, e uma paixão mais urgente por Ele.

Olhem para aquela pessoa vaidosa: ela sente que é alguém importante, e você reconhece que ela é superior a você em talentos, mas que impostora ela é! Que criatura tola em sonhar em ser alguém! Ora, ela será achada com falta, pois, como nós, não é suficiente nem para pensar nada de si mesma. Um pedinte que tem que viver de esmolas, comer o pão da dependência, beber do cálice da caridade — o que ele tem para se gabar?

Jesus é o Grande que nos alimenta, que nos dá tudo o que desfrutamos, que é absolutamente nosso tudo, e quanto a nós, somos pedintes

---

[2] Na legislação da época do Antigo Testamento, refere-se ao parente homem mais próximo que deveria acudir e garantir os direitos de subsistência, descendência, propriedade e vingança de outro parente, "resgatando-o" da sua dificuldade. A mesma palavra hebraica também é traduzida como *redentor*.

— eu quase diria mendicantes — uma comunidade de frades e freiras mendicantes[3] e, para toda riqueza espiritual pessoal, tão mortos quanto os que foram massacrados em Maratona[4].

O negro escravizado pelo menos poderia reivindicar que é dono de seu próprio fôlego; mas nós não podemos reivindicar nem isso. Ou Espírito de Deus nos dá fôlego espiritual, ou nossa vida expirará. Quando pensamos nisso, certamente a visão de Cristo neste pão e vinho, embora seja uma visão turva comparada com a que arrebatou o coração de João, nos fará cair aos pés do Redentor como mortos.

O "eu" não pode viver aqui, pois nosso Senhor não forneceu alimento para o ego vão e sua soberba. Ele forneceu tudo para a necessidade, mas nada para a jactância. Oh, bendita sensação de autoaniquilação! Nós a experimentamos várias vezes esta semana, quando alguns desses estudos foram lidos para nós por nossos irmãos e, além disso, nós murchamos no calor da alegria com que nosso Mestre nos favoreceu. Espero que esta feliz assembleia e suas práticas celestiais tenham derretido o ego dentro de nós e o feito, por enquanto, fluir em lágrimas.

Morrer para si mesmo é uma sensação bendita. Que todos nós a experimentemos! Quando somos levados à fraqueza extrema na morte consciente do eu, então somos fortalecidos na plenitude do poder. Quando desfalecemos até a morte do eu e perdemos toda a consciência de força pessoal, somos introduzidos no infinito, e vivemos em Deus.

---

[3] Na Igreja Católica, ordens mendicantes são ordens religiosas formadas por frades ou freiras que vivem em pobreza e humildade, em conventos relativamente fechados e austeros, dedicando-se totalmente à sua vida religiosa e de obras de caridade. São dependentes financeiramente de doações.

[4] Maratona foi o local da principal batalha entre gregos atenienses e persas em 490 a.C. Apesar de estar em menor número, os atenienses venceram os persas em uma única tarde. Milhares morreram.

II

Agora, vamos considerar como *nos tornamos vivos novamente*, e assim conhecer o Senhor como a ressurreição e a vida.

João reviveu e nos conta como isso aconteceu. Ele diz sobre o Sempre-bendito: "Quando o vi, caí a seus pés como morto. Porém ele colocou a mão direita sobre mim e disse: 'Não temas! Eu sou o primeiro e o último e aquele que vive. Estive morto, mas eis que estou vivo pelos séculos dos séculos e tenho as chaves da morte e do inferno".

Todas as inundações de vida do nosso ser fluirão com força renovada se, antes de tudo, *formos colocados em contato com Jesus*: "Ele colocou a mão direita sobre mim". Que paciência maravilhosa, pois Ele não coloca o pé sobre nós, e nos pisoteia como a lama das ruas! Eu fiquei aos seus pés como morto, e se Ele tivesse me rejeitado como contaminado com corrupção, eu não poderia ter contestado sua justiça. Mas nada se diz aqui sobre seu pé! Aquele pé foi perfurado em nosso favor, e não pode ser que o pé que foi pregado na cruz por seu povo os pisoteie em sua ira.

Ouçam estas palavras: "Ele colocou a mão direita sobre mim". A mão direita de sua força e de sua glória Ele colocou sobre seu servo desfalecido. Foi *a mão de um ser humano*. É a mão direita daquele que, em todas as nossas aflições, foi afligido, que é um irmão nascido para a angústia (Provérbios 17:17). Portanto, tudo sobre sua mão tem uma influência revigorante. O *discurso* de simpatia, meus irmãos, é muitas vezes muito pouco prático e, portanto, é muito fraco para reavivar o desfalecido; o *toque* de simpatia é muito mais eficaz. Vocês se lembram daquela alegre história da menina negra arisca que nunca podia ser conquistada, até que a pequena senhora se sentou ao lado dela, e sobre ela colocou a mão. Eva conquistou a pobre

Topsy com aquele toque terno[5]. A língua falhou, mas a mão alcançou a vitória. Assim foi com nosso adorável Senhor: Ele nos mostrou que era osso dos nossos ossos, e carne da nossa carne (Gênesis 2:23). Ele se aproximou de nós, e nos fez perceber a realidade de seu amor por nós, e então se tornou mais do que alguém que nos conquistou.

Assim, *sentimos que Ele não era ficção*, mas um Cristo real, pois ali estava sua mão, e sentíamos a pressão suave dela. A imposição da mão direita do Senhor trouxe cura aos doentes, visão aos cegos e até vida aos mortos, e não é estranho que ela restaure um discípulo desfalecido. Que todos vocês sintam isso neste exato momento em seu pleno poder revigorante! Que flua da mão direita do Senhor não apenas sua compaixão, porque Ele é um ser humano como nós, mas tanto do poder de *sua divindade* quanto pode ser colocado no ser humano, para que possamos ser preenchidos com a plenitude *de Deus*! Isso é possível neste instante. A ceia do Senhor representa a entrega de todo o corpo de Cristo a nós, para entrar em nós como alimento. Certamente, se entrarmos em seu verdadeiro significado, podemos esperar ser revividos e vitalizados, pois temos aqui mais do que um mero toque da mão: é todo o Cristo que entra em nós espiritualmente, e assim entra em contato com nosso ser mais profundo. Eu creio na "presença real"[6], vocês não? A presença *carnal* é outra coisa — *isso* nem mesmo desejamos.

Senhor Jesus, entra em contato conosco através de muitas mãos agora, habitando em nós e nós em ti!

---

[5] Eva(ngeline) e Topsy são personagens do livro de Harriet Beecher Stowe, *Uncle Tom's Cabin* [no Brasil: *A cabana do pai Tomás*], 1852.
[6] A presença real de Cristo na Eucaristia é uma doutrina cristã dos primeiros cristãos que diz que o pão é o corpo de Jesus, e o vinho é o sangue de Jesus, e que não são meramente símbolos deles. Como essa presença se dá exatamente, variou grandemente entre igrejas, pessoas e tempos.

Ainda assim, havia algo mais desejado, pois nosso Senhor Jesus, após o toque, *deu a palavra*: "Não tenha medo. Eu sou o primeiro e o último". O que Ele diz? Ele diz: "Você é"? Abram suas Bíblias e vejam. Ele exclama: "Não tenha medo. Você é o discípulo amado, João, o apóstolo e visionário"? Não encontro nada disso. Ele não orientou seu servo a olhar para si mesmo, mas a lembrar-se do grande Eu Sou (Êxodo 3:14), seu Salvador e Senhor. O conforto vivo de cada filho de Deus desfalecido, de todos que estão conscientes de uma ferida mortal no "eu" natural, está naquele majestoso "Eu", que sozinho pode dizer "Eu Sou". Vocês vivem porque há um "Eu Sou" que tem vida em si mesmo, e tem essa vida para vocês.

"Eu sou o primeiro". "Eu fui antes de vocês e preparei seu caminho. Eu amei vocês antes que vocês me amassem. Eu determinei todo o seu curso na vida antes que vocês existissem. Em toda obra da graça para vocês e dentro de vocês, eu sou o primeiro. Como o orvalho que vem do Senhor, eu não dependo do ser humano, nem espero pelos filhos dos homens (Miqueias 5:7). E eu também sou o último, aperfeiçoando o que lhes diz respeito e mantendo vocês até o fim. Eu sou o Alfa e o Ômega para vocês (Apocalipse 22:13), e todas as letras entre estas. Eu comecei com vocês e terminarei com vocês, se um fim puder ser pensado. Eu marcho na vanguarda, e protejo a retaguarda (Isaías 52:12). Sua preservação final é de mim tanto quanto seu começo esperançoso".

Irmão, surge um medo em relação àquela hora escura que ameaça chegar em breve? Que hora é essa? Jesus sabe, e Ele estará com você durante a noite e até o amanhecer. Se Jesus é o começo e o fim para nós, o que mais há? O que temos a temer, a não ser aquelas invenções profanas de nossa desconfiança, aquelas superfluidades de maldade que se transformam em descrenças, dúvidas e imaginações cruéis? Cristo impede tudo o que poderia nos ferir, pois Ele abrange todo o tempo e todo o espaço. Ele está acima das alturas e abaixo das profundezas, e em todos os lugares Ele é amor.

Continuem lendo: "Eu sou aquele que vive". "Porque eu vivo, vocês também viverão (João 14:19). Nenhuma morte real cairá sobre vocês, pois a morte não tem mais domínio sobre mim (Romanos 6:9) — seu Cabeça (Colossenses 1:18), sua Vida (Colossenses 3:4)". Enquanto houver um Cristo vivo no céu, ninguém que nele crê verá a morte: o tal dormirá em Jesus, e isso é tudo, pois mesmo assim ele estará "para sempre com o Senhor" (1 Tessalonicenses 4:17).

Continuem lendo: "Estive morto". "Portanto, embora morram, vocês não irão mais baixo do que eu fui; e vocês serão ressuscitados assim como eu retornei do túmulo". Pensem em Jesus como tendo atravessado o reino da sombra da morte, e vocês não temerão seguir suas pegadas. Onde os membros agonizantes devem descansar, senão no mesmo leito, com seu Cabeça que uma vez morreu?

"E eis que estou vivo para todo o sempre". Sim, contemplem, e nunca deixem de contemplá-lo. Servimos a um Senhor que vive eternamente. Irmãos, voltem desta conferência para casa no poder desta grande declaração! O filho querido pode adoecer, ou a preciosa esposa pode ser levada para o lar celestial, mas Cristo diz: "Estou vivo para todo o sempre". A alma do que crê nunca pode ser uma viúva, pois seu Marido é o Deus vivo. Nosso Senhor Jesus não nos deixará órfãos, Ele voltará para nós (João 14:18). Aqui está nossa alegria, então; não em nós mesmos, mas no fato de que Ele vive para sempre para realizar o bom prazer do Pai em nós e por nós. Avante, soldados da cruz, pois nosso Capitão imortal lidera o caminho!

Leiam de novo: "e tenho as chaves da morte e do inferno". Enquanto pensava sobre essas palavras, maravilhei-me com a pobreza e baixeza da causa do mal, pois o príncipe dele, o Diabo, não tem as chaves de sua própria casa. Não se pode confiá-las a ele. Elas estão balançando no cinto de Cristo. Certamente nunca irei para o inferno, pois meu Senhor

Jesus, há muito tempo, usou a chave para fechar as trancas e impedir que eu entrasse.

As portas do inferno foram trancadas para mim quando Ele morreu em meu favor. Eu o vi trancar a porta e, o que é mais, eu o vi pendurar a chave em seu cinto e lá está até hoje. Cristo tem as chaves do inferno; então, quando Ele escolher, Ele pode enjaular o leão devorador e restringir seu poder para o mal. Oh, que esse dia chegasse! Ele está chegando, pois o dragão tem grande fúria, sabendo que seu tempo é pouco (Apocalipse 12:12). Não iremos sozinhos para a batalha com esse terrível adversário. Falemos dele àquele que o venceu, e imploremos a Ele para encurtar sua corrente.

Admiro as palavras fortes de uma mulher perto da morte a alguém que lhe perguntou o que ela fez quando foi tentada pelo Diabo por causa de seu pecado. Ela respondeu: "O Diabo não me tenta agora. Ele veio a mim há pouco tempo, e não gosta de mim o suficiente para voltar!" "Por que não?" "Ora, ele foi embora porque eu lhe disse: sou escolhida, sou escolhida!" "O que você quis dizer com isso?" "Você não se lembra do que é dito na Escritura: 'Que o Senhor o repreenda, Satanás! Sim, que o Senhor, que escolheu Jerusalém, o repreenda!'?" (Zacarias 3:2) O texto da senhora idosa foi bem escolhido, e o inimigo conhece bem a repreensão que ele contém. Quando Josué, o sumo sacerdote, vestido com vestes imundas, estava diante do anjo, Satanás estava à sua direita para resistir-lhe, mas ele foi silenciado ao ser informado da eleição de Deus: "Que o SENHOR, que escolheu Jerusalém, o repreenda!" Ah, irmãos, quando a mão direita de Cristo está sobre nós, o maligno parte! Ele conhece muito bem o peso dessa mão direita.

Terminem o versículo: "e da morte". Nosso Senhor tem as chaves da morte, e isso será um fato alegre para nós quando nossas últimas horas chegarem. Se nós lhe dissermos: "Mestre, para onde vou?" Ele responde: "Tenho a chave da morte e do mundo espiritual"; não responderemos:

"Nós nos sentimos bastante confiantes para irmos aonde quer que nos conduzas, ó Senhor"? Então seguiremos seu caminho em sua companhia. Nossos corpos descerão ao que chamam de ossuário, embora seja realmente a sala de despir as túnicas dos santos, o vestíbulo do céu, o guarda-roupa de nossa vestimenta, onde ela será purificada e aperfeiçoada. Temos uma vestimenta espiritual adequada para o intervalo, mas esperamos que nossos corpos se levantem novamente à semelhança do "Senhor do céu" (1Coríntios 15:47).

Que benefícios teremos quando pegarmos as túnicas que deixamos de lado, e as encontrarmos tão gloriosamente transformadas e adequadas para usarmos até mesmo na presença de nosso Senhor! (Apocalipse 3:5) Portanto, se o pior medo que os atravessa se concretizar, e vocês literalmente morrerem aos pés de seu Senhor, não há motivo para temor, pois nenhum inimigo pode lhes fazer mal, pois a mão direita divina está prometida para livrá-los até o fim. Demos ao Bem-amado o louvor mais devoto e fervoroso, enquanto agora participamos desta grande festa régia. O Rei se assenta à sua mesa; que nosso perfume de nardo exale seu cheiro mais doce (João 12:3).

SERMÃO PROFERIDO A PASTORES NO ENCERRAMENTO DE UMA DAS CONFERÊNCIAS DO PASTOR'S COLLEGE.

4

CRISTO E SEUS COMPANHEIROS DE MESA

*Chegada a hora, Jesus se pôs à mesa, e
os apóstolos estavam com Ele.*
Lucas 22:14

AS ordenanças externas da religião cristã são apenas duas, e essas duas são extremamente simples; mas nenhuma delas escapou da alteração humana e, infelizmente, muito mal foi feito e muito do ensino precioso foi sacrificado por essas perversões miseráveis. Por exemplo, a ordenança do batismo, como era administrado pelos apóstolos, simbolizava o sepultamento daqueles que creem com Cristo, e sua ressurreição com seu Senhor para uma novidade de vida (Romanos 6:4). Porém, sentiram necessidade de trocar a imersão pela aspersão, e a pessoa que crê com entendimento por uma criança sem consciência, e assim a ordenança é assassinada.

A outra instituição sagrada, a Ceia do Senhor, como o batismo daqueles que creem, é a própria simplicidade. Consiste em pão partido e vinho vertido, essas iguarias sendo comida e bebida em uma grande festa — uma imagem adorável dos sofrimentos de Cristo por nós, e da comunhão que os santos têm uns com os outros e com Ele. Mas essa ordenança também foi adulterada pelos seres humanos. Por alguns, o vinho foi retirado completamente ou reservado apenas para uma casta sacerdotal, e o pão simples foi transformado em uma hóstia consagrada. Quanto à mesa, o próprio emblema da comunhão em todas as nações — pois o que expressa comunhão melhor do que cercar uma mesa e comer e beber juntos? — ela, na verdade, precisou ser posta de lado, e um "altar" foi erguido; e o pão e o vinho, que deveriam nos ajudar a lembrar do Senhor Jesus (1Coríntios 11:23-26), foram transformados em um "sacrifício incruento", e assim a coisa toda se torna uma celebração não bíblica em vez de uma instituição santa para a comunhão.

Que sejamos advertidos por esses erros dos outros para nunca adicionar ou tirar da Palavra de Deus nem mesmo um único i ou til! (Mateus 5:17) Mantenham-se no fundamento das Escrituras, e vocês estarão em segurança, e terão uma resposta para aqueles que os questionam; sim, e uma resposta que vocês possam dar no tribunal de Deus. Contudo, uma vez que permitam que seu próprio capricho, ou fantasia, ou gosto, ou sua noção do que é apropriado e certo os governe em vez da Palavra de Deus, então vocês entram em uma trajetória perigosa, e a menos que a graça de Deus impeça, danos sem limites podem ocorrer. A Bíblia é nossa autoridade padrão, e ninguém pode se desviar dela. O sábio diz em Eclesiastes (8:2): "Eu digo a você: observe o mandamento do rei"; repetiríamos o conselho dele, e acrescentaríamos a ele o sábio preceito da mãe de nosso Senhor, em Caná, quando ela disse: "Façam tudo o que ele disser" (João 2:5).

Agora, pediremos a vocês, de modo meditativo, para contemplar a primeira celebração da ceia do Senhor. Vocês percebem imediatamente que não havia nenhum "altar" naquele grande cenáculo. Havia uma mesa, uma mesa com pão e vinho sobre ela, mas nenhum altar, e

Jesus não se ajoelhou — não há sinal disso —, mas Ele sentou-se – não duvido, segundo o modo oriental de sentar, isto é, por uma reclinação parcial — Ele reclinou-se com seus apóstolos. Ora, aquele que ordenou esta ceia sabia como ela deveria ser observada; e, como a primeira celebração dela foi o modelo para todas as outras, podemos ter certeza de que a maneira correta de se chegar a esta comunhão é reunir-se em volta de uma mesa e sentar-se ou reclinar-se enquanto comemos e bebemos juntos do pão e do vinho em memória de nosso Senhor (1Coríntios 11:24).

Enquanto vemos o Salvador sentado com seus doze apóstolos, vamos perguntar primeiro: o que isso os tornou? Então, em segundo lugar: o que isso implicava? E em terceiro lugar: o que mais podemos legitimamente inferir disso?

I

Primeiro, então, vemos o Grande Mestre, o Senhor, o Rei de Sião, sentando-se à mesa para comer e beber com seus doze apóstolos — *o que isso os tornou?*

Observem o que eles eram no início. Por meio do primeiro chamado dele, eles se tornaram seus seguidores, pois Ele lhes disse: "Sigam-me" (Mateus 4:19). Ou seja, eles foram convencidos, por diversas demonstrações e sinais, de que Ele era o Messias (Atos 2:22), e eles, portanto, se tornaram seus seguidores. Os seguidores podem estar a uma grande distância de seu líder, e desfrutar de pouca ou nenhuma comunhão com ele, pois o líder pode ser grande demais para ser abordado pelos membros comuns de seu bando. No caso desses discípulos, eram seguidores excepcionalmente próximos, pois seu Mestre era muito tolerante, mas ainda assim, sua comunhão nem sempre era do tipo mais íntimo no início e, portanto, não foi no início que Ele os chamou para uma grande festa como esta ceia.

Eles começaram seguindo, e é aqui que devemos começar. Se não podemos entrar ainda em associação mais próxima com nosso Senhor, podemos, pelo menos, conhecer sua voz por seu Espírito, e segui-lo como as ovelhas seguem o pastor (João 10:27). A maneira mais importante de segui-lo é confiar nele e, então, imitar diligentemente seu exemplo. Este é um bom começo, e terminará bem, pois aqueles que andam com Ele hoje descansarão com Ele no futuro; aqueles que trilham seus passos se sentarão com Ele em seu trono (Apocalipse 3:21).

Sendo seus seguidores, eles vieram em seguida a ser seus discípulos. Alguém pode ter sido um seguidor por um tempo, e ainda assim pode não ter alcançado o discipulado. Um seguidor pode seguir cegamente, e ouvir muito que não entende, mas quando se torna um discípulo, seu mestre o instrui e o conduz à verdade. Explicar, expor, resolver dificuldades, tirar dúvidas e tornar a verdade inteligível é o ofício de um mestre entre seus discípulos. Ora, era uma coisa muito bendita para os seguidores se tornarem discípulos, mas ainda assim os discípulos não são necessariamente tão íntimos de seu Mestre a ponto de se sentarem e comerem com Ele. Sócrates e Platão conheciam muitos na Academia[1] que não convidavam para suas casas.

Meus irmãos e irmãs, se Jesus tivesse-nos chamado para sermos seus discípulos e nada mais, teríamos tido motivos para grande gratidão; se tivéssemos sido autorizados a sentar a seus pés, e nunca tivéssemos compartilhado de uma celebração como esta diante de nós, deveríamos ter sido profundamente gratos; mas agora que Ele nos favoreceu com um lugar ainda mais alto, nunca sejamos infiéis ao nosso discipulado. Aprendamos diariamente sobre Jesus; pesquisemos na Bíblia para ver o que Ele

---

[1] A Academia era um local de busca e aprofundamento do pensamento e conhecimento humanos fundada por Platão, aproximadamente em 384-383 a.C. nos jardins localizados fora dos muros de Atenas. Aristóteles estudou lá por vinte anos (367-347 a.C.) antes de fundar sua própria escola, o Liceu.

nos ensinou e, então, com a ajuda do seu Espírito Santo, obedeçamos meticulosamente. No entanto, há algo mais.

Sendo discípulos do Senhor, os escolhidos, em seguida, tornam-se seus servos, o que é um degrau acima, já que o discípulo pode ser apenas uma criança, mas o servo tem alguma força, recebeu alguma medida de treinamento, e rende algo em contrapartida. O Mestre deles lhes deu poder para pregar o evangelho e executar missões de graça (Lucas 9:1), e felizes foram eles por serem chamados para servir tal Mestre, e ajudar a estabelecer seu reino.

Meus queridos irmãos e irmãs, vocês são todos servos de Cristo conscientemente? Se sim, embora o serviço possa às vezes parecer pesado porque sua fé é fraca, ainda assim sejam muito gratos por serem servos, pois é melhor servir a Deus do que reinar sobre todos os reinos deste mundo. É melhor ser o menor servo de Cristo do que ser o maior dos seres humanos, e permanecer escravo de seus próprios desejos pecaminosos, ou ser meras pessoas que vivem para agradar os outros. O jugo dele é suave, e o fardo dele é leve (Mateus 11:30). O servo de tal Mestre deve se alegrar em seu chamado, mas há algo mais.

Perto do fim de sua vida, nosso Mestre revelou a relação ainda mais próxima com seus discípulos, e proferiu palavras como estas: "Já não chamo vocês de servos, porque o servo não sabe o que o seu senhor faz; mas tenho chamado vocês de amigos, porque tudo o que ouvi de meu Pai eu lhes dei a conhecer" (João 15:15). Este é um grande degrau acima. O amigo, por mais humilde que seja, desfruta de muita familiaridade com seu amigo. Ao amigo é dito o que o servo não precisa saber. O amigo desfruta de uma comunhão que o mero servo, discípulo ou seguidor não alcançou.

Que possamos conhecer esta associação mais elevada, este vínculo mais caro de relacionamento! Que não nos contentemos sem o desfrutar da amizade de nosso Mestre! "Aquele que tem amigos deve mostrar-se amigável" (Provérbios 18:24), e se quisermos ter a amizade de Cristo, devemos ser amigos de sua causa, de sua verdade e do seu povo. Ele é um amigo que ama em todos os momentos; se vocês quiserem desfrutar de sua amizade, tomem cuidado para permanecer nele.

Agora, observem que, na noite anterior à sua paixão, nosso Senhor levou seus amigos um degrau acima da amizade comum. O mero seguidor não se senta à mesa com seu líder, o discípulo não afirma ser alguém no mesmo nível que seu mestre, o servo raramente desfruta de festas à mesma mesa com seu senhor, o amigo nem sempre é chamado para ser um convidado; mas aqui o Senhor Jesus fez seus escolhidos serem seus companheiros de mesa. Ele os elevou para se sentarem com Ele na mesma mesa, para comer do mesmo pão e beber do mesmo cálice com Ele. Dessa posição, Ele nunca os rebaixou; eles eram representantes, e onde o Senhor os colocou, Ele colocou todos os seus santos permanentemente. Todo o povo do Senhor que tem fé está sentado, por santo privilégio e chamado, à mesma mesa com Jesus, pois "verdadeiramente, a nossa comunhão é com o Pai e com o seu Filho, Jesus Cristo" (1João 1:3). Ele entrou em nossos corações, e Ele ceia conosco e nós com Ele; somos seus companheiros de mesa, e comeremos pão com Ele no reino de Deus.

II

Então agora passaremos, em segundo lugar, a perguntar: *o que essa companhia à mesa implicava?*

Implicava, antes de tudo, fidelidade mútua. O ato solene de comer e beber juntos era uma garantia de fidelidade uns aos outros. Deve ter sido assim entendido, ou de outra forma não haveria força na queixa: "Aquele que come do meu pão levantou contra mim o seu calcanhar" (João 13:18). Isso não significava que, porque Judas tinha comido pão com seu Senhor, ele assumira o compromisso de não traí-lo, e ainda assim levantou o seu calcanhar contra Ele? Este era o selo de uma aliança implícita: tendo comido juntos, eles estavam obrigados a serem fiéis uns aos outros.

Ora, tantos quantos são realmente servos e amigos de Cristo podem saber que o Senhor Jesus, ao comer com vocês à sua mesa, compromete-se a ser-lhes fiel. O Mestre nunca faz o papel do Judas — o Judas está entre os discípulos. Não há nada de traidor no Senhor; Ele não é apenas capaz de manter o que lhe confiamos, mas Ele é fiel e o fará. Ele será fiel, não apenas quanto à questão principal e central, mas também a todas as promessas que Ele fez.

Saibam, então, com certeza, que o Mestre deles não os teria convidado para sua mesa para comer pão com Ele, se Ele tivesse a intenção de abandoná-los. Ele os recebeu como seus convidados de honra, e os alimentou com seu melhor alimento, e, com isso, praticamente lhes diz: "Eu nunca o deixarei, aconteça o que acontecer; e em todos os momentos de provação, depressão e tentação, estarei à sua direita, e você não será abalado, e até o último instante você provará minha fidelidade e verdade".

Mas amados e amadas, vocês não entendem esta ceia a menos que também sejam lembrados da fidelidade que é devida de vocês ao seu Senhor, pois o banquete é comum, e o compromisso mútuo. Ao comer com Ele, vocês selam sua aliança com o Crucificado. Amados e amadas, como vocês mantiveram sua promessa no passado? Vocês comeram pão com Ele, e eu confio que, em seus corações, vocês nunca se afastaram tanto a ponto de levantar seu calcanhar contra Ele, mas vocês sempre o honraram como deveriam? Vocês agiram como convidados deveriam ter feito? Vocês conseguem se lembrar do amor dele por vocês, e colocar seu amor por Ele lado a lado com o dele, sem se envergonhar? De agora em diante, que o Espírito Santo opere em nossas almas uma fidelidade zelosa ao Bem-amado, que não permitirá que nossos corações se desviem dele, ou que nosso zelo por sua glória diminua!

Novamente, lembrem-se de que há neste solene comer e beber juntos, uma garantia de fidelidade entre os próprios discípulos, bem como entre os discípulos e seu Senhor. Judas teria sido um traidor se tivesse traído Pedro, ou João, ou Tiago; portanto, quando vocês se reunirem à mesma mesa, meus irmãos e irmãs, vocês devem, de agora em diante, ser verdadeiros uns com os outros (Efésios 4:25). Todas as brigas e ciúmes devem cessar (1Coríntios 3:3), e um espírito generoso e afetuoso deve governar em cada coração. Se vocês ouvirem alguém falar contra aqueles com quem vocês comungaram, considerem que, como vocês comeram pão com eles, estão obrigados a defender suas reputações. Se qualquer acusação injuriosa for levantada contra qualquer irmão ou irmã em Cristo, considerem que o caráter dele ou dela é tão caro a vocês quanto o seu próprio.

Que seja mantida entre nós uma fraternidade sagrada, se posso comparar uma união muito mais elevada e espiritual a qualquer coisa que pertença à vida comum. Vocês são membros uns dos outros (Romanos 12:5); cuidem que vocês se amem intensamente com um coração puro (1Pedro 1:22). Bebendo do mesmo cálice, comendo o mesmo pão, vocês apresentam ao mundo um símbolo que espero que não seja uma mentira. Assim como isso verdadeiramente mostra a fidelidade de Cristo a vocês, então que isso verdadeiramente represente sua fidelidade a Cristo e uns aos outros.

Além disso, comer e beber juntos era um símbolo de confiança mútua. Eles, ao se sentarem ali juntos, voluntariamente declararam sua confiança uns nos outros. Aqueles discípulos confiavam em seu Mestre; eles sabiam que Ele não os iludiria ou enganaria. Eles confiavam uns nos outros também, pois quando lhes foi dito que um deles trairia seu Senhor, eles não suspeitaram uns dos outros, mas cada um disse: "Por acaso seria eu, Senhor?" (Mateus 26:22). Eles tinham muita confiança uns nos outros, e o Senhor Jesus, como vimos, depositou grande confiança neles ao tratá-los como seus amigos. Ele até mesmo confiou-lhes o grande segredo de seus sofrimentos e morte por vir (Mateus 16:21-23). Eles eram companheiros confiáveis que se sentavam àquela mesa de ceia.

Ora, amados e amadas, quando vocês se reunirem em volta desta mesa, venham no espírito de confiança implícita no Senhor Jesus. Se vocês estão sofrendo, não duvidem de seu amor, mas creiam que Ele opera todas as coisas para o seu bem (Romanos 8:28). Se vocês estão sobrecarregados com preocupações, demostrem sua confiança nele, deixando-as inteiramente nas mãos de seu Redentor. Este momento não será um verdadeiro banquete de comunhão para vocês se vierem aqui com desconfianças sobre seu Mestre. Não, mostrem sua confiança ao comerem do pão com Ele. Que haja também uma confiança fraternal uns nos outros. Seria doloroso ver um espírito de suspeita e desconfiança entre vocês. A desconfiança é a morte da comunhão. No momento em que um cristão imagina que outro pensa mal dele, embora possa não haver a menor verdade nesse pensamento, imediatamente a raiz da amargura é plantada (Deuteronômio 29:18).

Acreditemos na sinceridade uns dos outros, pois podemos ter certeza de que cada um de nossos irmãos e irmãs merece mais confiança do que nós mesmos. Voltem suas desconfianças para si mesmos e, se vocês devem desconfiar, desconfiem de seu próprio coração; mas quando vocês se encontrarem com aqueles que comungaram com vocês nesta mesa, digam a si mesmos: "Se tais pessoas podem me enganar – e infelizmente poderão – então aceitarei que sejam desleais comigo ao invés de nutrir perpétua desconfiança de meus companheiros cristãos".

Um terceiro significado da reunião ao redor da mesa é este: fraternidade genuína. Nosso Senhor, ao sentar-se à mesa com seus discípulos, mostrou-se um com eles, um Irmão, de fato. Não lemos que havia qualquer ordem de prioridade pela qual seus assentos foram arranjados. É claro que, se o Camareiro-mor[2] em Roma tivesse arranjado a mesa, ele teria colocado Pedro à direita de Cristo, e os outros apóstolos em posições graduadas de acordo com a dignidade de seus futuros bispados; mas tudo o que sabemos sobre a ordem deles é isto: que João sentou-se ao lado do Salvador, e se recostou em seu peito (João 13:23), e que Pedro sentou-se a uma boa distância — estamos certos disso, porque é dito que ele "fez um sinal" para João; se ele tivesse se sentado ao lado dele, ele lhe teria sussurrado, mas ele lhe fez um sinal, e então devia estar um pouco abaixo na mesa, se, de fato, havia qualquer "abaixo" ou "acima" na disposição dos convidados.

Cremos que o fato é que eles se sentaram lá em uma igualdade santa: o Senhor Jesus, o Irmão mais velho entre eles (Romanos 8:29), e todo o resto disposto de acordo com aquelas palavras: "um só é Mestre de vocês, e todos vocês são irmãos" (Mateus 23:8). Sintamos, então, ao nos aproximarmos novamente desta mesa neste momento, que estamos ligados em laços de relacionamento santo com Jesus Cristo, que está exaltado no céu, e que por meio dele nosso relacionamento com nossos companheiros cristãos é muito próximo e íntimo.

Oh, que a fraternidade cristã fosse mais real! A própria palavra "irmão" passou a ser ridicularizada como um sinal de hipocrisia, e bem pode ser, pois é usada principalmente como uma frase de efeito, e em muitos casos significa muito pouco. Mas deveria significar algo. Vocês não têm o direito de vir a esta mesa, a menos que realmente sintam que aqueles que foram lavados no sangue de Jesus (1João 1:7) têm um direito sobre o amor de seus corações e sobre a sua benevolência efetiva.

O quê? Vocês viverão juntos para sempre no céu, e não mostrarão afeto uns pelos outros aqui embaixo? É o novo mandamento do seu Mestre que vocês se amem (João 13:34); vocês irão desconsiderá-lo? Ele deu

---

[2] Um alto funcionário real encarregado de administrar uma casa real.

isso como o distintivo dos cristãos: "Nisto todos conhecerão que vocês são meus discípulos" — não se ostentarem uma cruz de ouro, mas — "se tiverem amor uns aos outros" (João 13:35). Esse é o distintivo do cristão, a marca verdadeira de um discípulo de Jesus Cristo.

Aqui, nesta mesa, encontramos fraternidade. Todo aquele que come desta ceia santa declara ser parte de uma irmandade em Cristo, uma irmandade que se esforça pela mesma causa, tendo sincera empatia, sendo membros uns dos outros, e todos eles membros do corpo de Cristo (Romanos 12:4,5). Deus faça com que isso seja um fato em toda a cristandade, ainda agora, e como o mundo se maravilhará ao clamar: "Vejam como esses cristãos amam uns aos outros!"

Mas aqueles companheiros à mesa significam mais ainda; significam prazer em comum. Jesus come, e eles comem, o mesmo pão. Ele bebe, e eles bebem, do mesmo cálice. Não há distinção nas iguarias. O que significa isso? Isso não nos diz que a alegria de Cristo é a alegria do seu povo?

Ele não disse: "para que a minha alegria esteja em vocês, e a alegria de vocês seja completa" (João 15:11)? A própria alegria que deleita Cristo é aquela que Ele prepara para o seu povo. Você, se for alguém que verdadeiramente crê, tem afinidade pela alegria de Cristo; você se deleita em ver o seu reino vir, a sua verdade progredir, pecadores salvos, a graça glorificada, a santidade promovida, Deus exaltado; isso também é o seu deleite. Mas meus queridos irmãos e irmãs e companheiros que professam a fé cristã, vocês têm certeza de que sua principal alegria é a mesma de Cristo? Vocês têm certeza de que o esteio da sua vida é o mesmo que era a comida e sua bebida dele, a saber, fazer a vontade do Pai celestial (João 4:34)? Se não, temo que vocês não tenham nada a fazer nesta mesa; mas, se for assim, e vocês vierem à mesa, então eu oro para que possam compartilhar a alegria de Cristo. Que vocês se alegrem nele como Ele se alegra em vocês, e que sua comunhão seja doce!

Por fim, neste ponto, o banquete naquela mesa indicou afeto familiar. O lugar do filho ou filha é sentar-se à mesa com seus pais, pois lá o afeto impera. O lugar de honra é sentar-se à mesa. "Marta servia, e Lázaro era um dos que estavam à mesa com Jesus" (João 12:2). Mas a honra é tal como o amor, e não o medo, sugere. Pessoas à mesa frequentemente revelam o que pensam mais plenamente do que em outros lugares. Se vocês querem entender alguém, não o procurem na Bolsa de Valores, ou sigam-no até o mercado, pois lá o tal se mantém mais reservado; mas vão até sua mesa, e lá ele se revela.

Ora, o Senhor Jesus Cristo sentou-se à mesa com seus discípulos. Era uma refeição, era uma refeição de um tipo simples; o relacionamento íntimo governava aquele momento. Receio, irmãos e irmãs, que viemos algumas vezes a esta mesa e dela nos despedimos sem ter tido um relacionamento com Cristo, e, desse modo, tratou-se de uma formalidade vazia, e nada mais. Agradeço a Deus que, vindo a esta mesa todo domingo como alguns de nós fazemos, e temos feito por muitos anos, ainda temos desfrutado aqui, na maior parte, da comunhão mais próxima com Cristo que já conhecemos, e bendizemos mil vezes seu nome por esta ordenança.

Ainda assim, é possível apenas comer o pão e beber o vinho, e perder todo o significado sagrado disso. Orem ao Senhor para que Ele se revele a vocês. Peçam para que isso não seja algo que é apenas um ritual morto para vocês, mas que agora, de fato, vocês possam dar a Cristo seu coração, enquanto Ele lhes mostrará suas mãos e seu lado, e lhes dará a conhecer suas agonias e morte, com as quais Ele os remiu da ira que está por vir. Tudo isso, e muito mais, é o ensinamento da mesa em que Jesus se sentou com os Doze.

Muitas vezes me perguntei por que a Igreja de Roma não compra e retira de circulação todas aquelas pinturas de um de seus pintores mais renomados, Leonardo da Vinci, nas quais nosso Senhor é representado

sentado à mesa com seus discípulos, pois elas são uma contradição da doutrina papista sobre este assunto. Enquanto aquela imagem permanecer na parede, e enquanto cópias dela forem espalhadas por toda parte, a Igreja de Roma está condenada por ir contra o ensinamento da igreja primitiva ao erguer um "altar", quando ela mesma confessa que, antigamente, ele não era considerado um altar de sacrifício, mas uma mesa de comunhão, na qual o Senhor não se ajoelhava, nem ficava de pé como um sacerdote oficiante, mas na qual Ele e seus discípulos se sentavam. Nós, pelo menos, não temos repreensões a temer da antiguidade, pois seguimos, e pretendemos seguir, o método primitivo. Nosso Senhor nos deu o mandamento para fazermos isto até que Ele venha, não de alterá-lo, mas apenas de "fazer isto", e nada mais, da mesma maneira, até que Ele venha novamente (1Coríntios 11:26).

III

Encerraremos perguntando: *o que mais pode ser inferido deste sentar-se de Cristo com seus discípulos à mesa?*

Eu respondo. Primeiro, disso pode-se inferir a igualdade de todos os santos. Havia ali doze apóstolos. O apostolado deles, no entanto, não está envolvido no assunto. Quando a Ceia do Senhor foi celebrada depois que todos os apóstolos foram para o céu, houve alguma alteração porque os apóstolos foram? De forma alguma. Aqueles que creem devem fazer isso em memória de seu Senhor até que Ele venha (1Coríntios 11:26). Não houve nenhuma ordem para uma mudança quando os primeiros apóstolos foram todos embora da igreja. Não, deveria ser o mesmo ainda – pão e vinho e o cercar a mesa até que o Senhor viesse. Eu concluo, então, a igualdade de todos os santos. Há uma diferença no cargo, houve uma diferença no dom miraculoso, e há grandes diferenças de crescimento na graça; mas ainda assim, na casa de Deus, todos os santos, sejam apóstolos, pastores, mestres, diáconos, presbíteros, sejam membros comuns, sendo todos iguais, comem em uma mesa. Há apenas um pão, há apenas um suco da videira aqui.

É somente na igreja de Deus que estas palavras, tão politicamente turbulentas, podem ser mais do que um sonho: "Liberdade, Igualdade e Fraternidade"[3]. Elas se encontram onde Jesus está; não em uma república, mas no reino de nosso Senhor e Salvador Jesus Cristo, onde todo governo e domínio estão investidos nele, e todos nós o reconhecemos de bom grado como nosso glorioso Cabeça (Colossenses 1:18), e todos nós somos irmãos e irmãs. Nunca caiam na ideia de que aqueles que creram na antiguidade eram de natureza superior a nós. Não falem de são Paulo, são Mateus e são Marcos, a menos que estejam preparados para falar de "são" William[4] e "santa" Jane[5] sentados no céu, pois se eles estão em Cristo, são tão verdadeiramente santos quanto aqueles primeiros santos foram, e eu imagino que pode haver alguns que alcançaram uma santidade ainda maior do que muitos que a tradição canonizou. Os píncaros da santidade estão abertos pela graça a todos nós, e o Senhor nos convida a subir. Não pensem que o que o Senhor operou nos primeiros santos não pode ser operado em vocês. É porque vocês pensam assim que não oram por isso, e porque vocês não oram por isso, não o alcançam. A graça de Deus sustentou os apóstolos; essa graça não é menor hoje do que era então.

---

[3] Em francês *Liberté, Égalité, Fraternité*, foi o lema da Revolução Francesa contra a monarquia.
[4] William Tyndale (1494-1536) foi um erudito inglês, linguísta e tradutor da Bíblia para o inglês. Foi uma figura proeminente na Reforma Protestante, tendo sido enforcado e posteriormente queimado. É considerado um mártir da fé cristã.
[5] Lady Jane (Joana) Grey (1536-1554) foi uma princesa inglesa anglicana declarada Rainha da Inglaterra e Irlanda por apenas nove dias em 1553. Um dos motivos de ter sido impedida de assumir o trono foi por não querer se converter ao catolicismo. Foi decapitada. É considerada uma mártir da fé cristã.

O braço do Senhor não está encolhido; seu poder não está limitado. Se pudermos crer e ser tão fervorosos quanto aqueles primeiros santos foram, ainda subjugaremos reinos, e chegará o dia em que os deuses do hinduísmo, as falsidades de Maomé e as mentiras de Roma serão tão certamente derrubados quanto foram as antigas filosofias e as idolatrias clássicas da Grécia e de Roma pelo ensino dos primeiros ministros de Cristo. Ali está a mesma mesa para vocês, e a mesma comida está lá como emblema, e a graça pode torná-los semelhantes àqueles santos, pois vocês foram comprados com o mesmo sangue, e vivificados pelo mesmo Espírito. Somente creiam, pois "tudo é possível ao que crê" (Marcos 9:23).

Outra inferência, apenas para ser sugerida, é esta: que as necessidades da Igreja em todas as eras serão as mesmas, e os suprimentos para as necessidades da Igreja nunca mudarão. A mesa ainda estará ali, e a mesa com as mesmas iguarias sobre ela: pão ainda, nada mais do que pão para comida; vinho ainda, nada menos do que vinho para bebida. A igreja sempre desejará a mesma comida, o mesmo Cristo, o mesmo evangelho. Fora, traidores, que nos dizem que devemos moldar nosso evangelho para se adequar a este século dezenove iluminado! Fora, falsos corações, que gostariam que atenuássemos a verdade eterna que sobreviverá ao sol, à lua e às estrelas, para se adequar a sua cultura enaltecida, que não passa de ignorância envernizada!

Não, essa verdade, que antigamente era poderosa por meio de Deus para derrubar fortalezas, ainda é poderosa, e nós a manteremos até a morte. A igreja precisa das doutrinas da graça hoje tanto quanto quando Paulo, Agostinho ou Calvino as pregaram; a igreja precisa da justificação pela fé, da expiação substitutiva, da regeneração e da soberania divina para serem pregadas de seus púlpitos tanto quanto nos dias do passado, e pela graça de Deus ela também as terá.

Por fim, há nesta verdade — que Cristo trouxe todos os seus discípulos para a posição de companheiros de mesa — uma profecia de que esta será a porção de todo o seu povo para sempre. No céu não pode haver menos privilégio do que na terra. Não pode ser que no estado celestial, aqueles que creem sejam degradados do que foram aqui embaixo. O que eram, então, aqui embaixo? Companheiros de mesa. O que serão no céu acima? Companheiros de mesa ainda, e benditos são aqueles que comerão pão no reino de Deus. "Muitos virão do Oriente e do Ocidente e tomarão lugar à mesa com Abraão, Isaque e Jacó no Reino dos Céus" (Mateus 8:11), e o Senhor Jesus estará à cabeceira da mesa.

Ora, qual será sua mesa de alegria? Ponham sua imaginação para funcionar, e pensem qual será sua grande festa espiritual quando sua recompensa estiver toda diante dele, e seu triunfo consumado. Vocês já imaginaram isso? Vocês podem conceber isso? Seja o que for, vocês compartilharão disso. Repito essas palavras: seja o que for, o menor cristão compartilhará disso. Você, pobre mulher trabalhadora, oh, que mudança para você, sentar-se entre os príncipes do palácio da glória de Cristo, perto de seu Senhor; todo seu trabalho árduo e penúria para sempre terminados! E você, triste filho do sofrimento que mal consegue reunir forças para se juntar à assembleia do povo de Deus, e ao voltar, talvez, vá para aquele leito de definhamento novamente; você não terá dores lá, mas estará para sempre com o Senhor. Na antecipação da alegria que será sua, esqueça seus problemas presentes, eleve-se acima das dificuldades do momento, e se você não consegue se alegrar no presente, ainda assim se alegre no futuro, que tão brevemente será seu.

Terminamos com esta palavra de profundo pesar — pesar, pois muitos aqui não conseguem entender do que temos falado, e não têm parte nisso. Há alguns de vocês que não devem vir à mesa da comunhão porque não amam a Cristo. Vocês não confiaram nele, vocês não têm parte nele. Não há salvação no que algumas pessoas chamam de "sacramentos". Acreditem em mim, eles são apenas ilusões para aqueles que não vêm a

Cristo com o coração. Vocês não devem vir ao sinal exterior se não têm a realidade significada.

Aqui está o caminho da salvação: "Creia no Senhor Jesus e você será salvo" (Atos 16:31). Crer nele é confiar nele, para usar uma palavra antiga, é recumbir, é se apoiar nele, descansar nele. Aqui eu me apoio neste parapeito do palanque. Eu escoro todo o meu peso neste suporte diante de mim. Faça isso com Cristo em um sentido espiritual: apoie-se nele. Vocês têm um fardo de pecado? Apoie-se em Cristo, com pecado e tudo. Vocês são indignos e fracos, e talvez desprezíveis? Então lancem sobre Ele a fraqueza, a indignidade, o desprezo e tudo. Tome-o para ser o Todo-absoluto de vocês, e quando vocês estiverem confiado nele dessa maneira, vocês se tornarão seus seguidores; prossigam com humildade para serem seus discípulos, com obediência para serem seus servos, com amor para serem seus amigos, e com comunhão para serem seus companheiros de mesa.

Que o Espírito Santo os guie assim, pelo amor de Jesus! Amém!

SERMÃO PUBLICADO EM 1908.

5

A CORRETA OBSERVÂNCIA DA CEIA DO SENHOR

Porque eu recebi do Senhor o que também lhes entreguei: que o Senhor Jesus, na noite em que foi traído, pegou um pão e, tendo dado graças, o partiu e disse: "Isto é o meu corpo, que é partido por vocês; façam isto em memória de mim". Do mesmo modo, depois da ceia, pegou também o cálice, dizendo: "Este cálice é a nova aliança no meu sangue; façam isto, todas as vezes que o beberem, em memória de mim". Porque, todas as vezes que comerem este pão e beberem o cálice, vocês anunciam a morte do Senhor, até que Ele venha.
1Coríntios 11:23-26

NÃO temos qualquer respeito pelas ordenanças humanas na religião. Qualquer coisa que seja inventada apenas por igrejas ou concílios não é nada para nós. Conhecemos duas ordenanças instituídas pelo Senhor Jesus Cristo: o batismo daqueles que creem, e a Ceia do Senhor. E abominamos e rejeitamos completamente os pretensos "sacramentos" de todo tipo. E porque observamos essas duas ordenanças, e somente essas duas, estamos mais preocupados que elas sejam usadas corretamente e devidamente compreendidas, e que ministrem à edificação daqueles que participam delas.

Gostaríamos que aqueles que são batizados entendessem o que significa esse rito expressivo — que eles, estando mortos com Cristo, também deveriam ser sepultados com Ele, e ressuscitar com Ele para uma vida nova (Romanos 6:4,5). E quando observamos a Ceia do Senhor, sentimos um desejo profundo e sincero de que ninguém venha à mesa ignorando o significado da observância — ou que, pelo menos, a ignorância não seja uma ocasião para comer indignamente (1Coríntios 11:27) —, mas que possamos compreender o que estamos fazendo, e entender o significado espiritual deste ensinamento visual pelo qual o Senhor Jesus Cristo, até o fim dos tempos, lembraria sua Igreja de seu grande sacrifício na cruz.

I

Então, primeiro, falarei brevemente sobre *a forma da Ceia do Senhor*.

Não entendemos que seja de maneira alguma essencial onde essa ceia é realizada. Ela é tão válida e útil em seus próprios aposentos particulares — em seu quarto ou em sua sala de estar — quanto em qualquer lugar onde os cristãos geralmente se reúnem. Não damos tanta importância quanto algumas pessoas ao horário em que ela é observada, mas ficamos surpresos que os Altos clérigos[1] se oponham à comunhão à noite, pois, se algum horário definido para participar dela pode ser citado nas Escrituras,

---

[1] Sacerdotes da Igreja Anglicana que defendem os aspectos que o anglicanismo tem em comum com o catolicismo romano, especialmente a autoridade do sacerdócio, e a importância do ritual da igreja.

certamente é a noite (1Coríntios 11:23). Gostaria de perguntar aos ritualistas[2] se eles podem encontrar algum exemplo, seja em coisas sagradas, seja em coisas profanas, de uma ceia sendo comida antes do café da manhã — até que inventaram essa prática absurda.

Não há momento que seja mais parecido com a primeira ocasião em que o Mestre celebrou a ordenança com seus discípulos do que a noite daquele dia. Foi então que Ele reuniu os doze apóstolos, e instituiu este bendito banquete memorial. Em Emaús, também, foi no final do dia que Ele se deu a conhecer aos seus dois discípulos no partir do pão (Lucas 24:13-35). Deve ser pura superstição, totalmente injustificada pela sagrada Escritura, dizer que a *ceia* do Senhor só pode ser recebida adequadamente *pela manhã*, e que não devemos comer nada antes de participar dos emblemas sagrados![3] Rejeitamos todo esse absurdo, pois não encontramos autoridade para isso no único padrão que reconhecemos, isto é, a Palavra inspirada de Deus. Vejamos o que ela nos ensina a respeito desta ordenança.

Aprendemos, primeiro, que *a ceia do Senhor deve começar com ações de graças*. Foi desse modo que o próprio Mestre evidentemente a iniciou: "[Ele] pegou um pão e, tendo dado graças". Durante toda a ceia, o sentimento da gratidão deve estar sendo exercitado ativamente. A intenção é que demos graças pelo pão — ao mesmo tempo dando ainda mais enfaticamente graças pelo corpo sagrado que ele representa. Então, também devemos dar graças pelo cálice, e por aquele sangue preciosíssimo que nele está representando para nós. Não podemos observar corretamente a ceia

---

[2] Denominação dada desde o século XIX àqueles dentro da Igreja Anglicana que buscam reintroduzir práticas litúrgicas como as da Igreja Católica Romana.

[3] O cânon 919 da Igreja Católica, § 1 diz: "Quem vai receber a sagrada Eucaristia abstenha-se de qualquer comida ou bebida, excetuando-se somente água e remédio, no espaço de ao menos uma hora antes da sagrada Comunhão" (exceção para pessoas idosas e enfermas e quem cuida delas, §3).

do Senhor a menos que venhamos à mesa bendizendo, louvando, magnificando e adorando nosso Salvador, reconhecendo não apenas o valor de ter instituído esta grande festa de rememoração, mas também a importância dessa ordenança memorial para ajudar nossa frágil memória. Ainda mais, devemos exaltá-lo por nos conceder algo tão abençoado para lembrar — seu supremo sacrifício por nossos pecados.

Após a ação de graças, fica muito claro que nosso divino Senhor *partiu o pão*. Não sabemos direito que tipo de pão foi usado naquela ocasião. Provavelmente era o pão ázimo de Páscoa dos judeus, mas não há nada dito nas Escrituras sobre o uso de pão fermentado ou sem fermento e, portanto, não importa qual usamos. Onde não há ordenança, não há obrigação e, portanto, somos deixados livres para usar o pão que é nosso costume comer. Quando o Mestre partiu o pão, Ele o deu aos seus discípulos e disse: "Tomem, comam" (Mateus 26:26). E todos eles participaram em comê-lo. E isto, notem bem, é essencial para a correta observância da Ceia do Senhor, de modo que, quando o sacerdote, ao celebrar a missa, toma a hóstia, que não é pão, e que ele não parte, mas que ele mesmo come inteira, não há ceia do Senhor ali. Seja qual for o nome, não é a ceia do Senhor. Ao comer o pão, deve haver a participação de um número de fiéis e piedosos discípulos de Cristo que estejam presentes, ou então não é a ordenança que o Senhor instituiu.

Feito isso, a próxima coisa foi que "*do mesmo modo [...] pegou também o cálice*". Ou seja, com a mesma ação de graças, bendizendo a Deus pelo fruto da videira, que daquele momento em diante seria o emblema de seu sangue derramado. Da mesma forma devemos fazer. Não é vão louvar ao Senhor, embora o façamos duas, três vezes — sim, e dez mil vezes até. Bem disse o salmista: "Louvai ao Senhor, porque é bom e amável cantar louvores ao nosso Deus; fica-lhe bem o cântico de louvor" (Salmos 147:1). Especialmente adequado é para nós louvar nosso Deus ao recordarmos o dom inefável de seu Filho unigênito e mui amado.

Então veio a participação do cálice — o fruto da videira —, do qual o Mestre disse expressamente: "Bebam todos dele" (Mateus 26:27). Portanto, quando a Igreja de Roma tira o cálice do povo e o nega a ele, não há observância da Ceia do Senhor, pois outra parte essencial da ordenança é deixada de fora. Pode ser a missa, ou pode ser qualquer outra coisa, mas não é a Ceia do Senhor. Deve haver uma participação de todos os fiéis no cálice, bem como no pão. Caso contrário, a morte do Senhor não é mostrada ou proclamada de acordo com o mandamento mais sagrado e bendito de Cristo.

Além disso, para que esta seja verdadeiramente a Ceia do Senhor, *ela deve ser observada em memória de Cristo*, que disse a seus discípulos: "façam isto em memória de mim". Daí aprendemos que somente aqueles que o conhecem devem vir à sua mesa, pois como nos lembraremos do que nunca conhecemos? E como nos lembraremos dele, com quem nunca falamos, e em quem nunca cremos? Vocês não devem vir à Ceia do Senhor para obter fé — vocês devem ter fé primeiro — ou então vocês não têm o direito de se aproximar deste lugar sagrado. O que vieram fazer aqui? Se vocês supõem que esta é uma ordenança salvadora, devo dizer-lhes o que Cristo disse aos saduceus: "O erro de vocês está no fato de não conhecerem as Escrituras" (Mateus 22:29). A salvação vem a nós pela fé em nosso Senhor Jesus Cristo (Gálatas 2:16), e é o resultado da operação eficaz do Espírito de Deus dentro de nós.

Esta ceia é uma ordenança muito instrutiva para aqueles que são salvos, mas aqueles que não nasceram de novo (João 3:3) e não são, pela graça, membros da família do Senhor (João 1:12), não têm direito aqui. Aqueles que comiam a Páscoa eram aqueles que nasciam na casa do sacerdote, ou eram comprados com o dinheiro do sacerdote (Levítico 22:10,11) — e se vocês nasceram na casa de Cristo, ou foram comprados com o sangue de Cristo, se vocês conhecem, pela bendita experiência, o significado da regeneração e redenção, então vocês podem vir à mesa da comunhão.

Mas se não, como a Páscoa foi planejada apenas para Israel, esta ceia é um banquete familiar para aqueles que pertencem a Jesus Cristo — nenhum outro pode vir a ela. Se vierem, será com o perigo de comer e beber indignamente, uma vez que são incapazes de discernir o corpo do Senhor (1Coríntios 11:27, 29).

Assim, dei a vocês um relato muito breve da forma de observar a ceia do Senhor, como a encontramos no Novo Testamento. Vocês percebem que eu não disse nada sobre um cálice ricamente ornado, ou uma patena, ou sobre consagrar os elementos, ou elevar a hóstia, e toda aquela tolice romanista em que algumas pessoas pensam tanto. A razão do meu silêncio é que não há nada sobre essas coisas na Bíblia. "À lei e ao testemunho: se eles não falarem de acordo com esta palavra, é porque nenhuma luz existe neles" (Isaías 8:20). Removam todas as adições de superstição — elas são apenas o pó e a ferrugem que se acumularam ao longo dos tempos, e estragam e mancham a pureza da própria ordenança de Cristo. Nossa grande preocupação deve ser observá-la exatamente como Ele a entregou a nós, de acordo com sua própria determinação: "Façam isto em memória de mim"; não outra coisa em seu lugar.

II

Agora, em segundo lugar, do nosso texto eu deduzo *a importância da Ceia do Senhor*.

Primeiro, *porque foi revelada pelo próprio Senhor*. Paulo escreveu aos coríntios: [...] eu recebi do Senhor o que também lhes entreguei". Mateus, Marcos, Lucas e João estavam todos ao alcance de Paulo, e embora eles não tivessem escrito seus Evangelhos, ele poderia ter aprendido com eles como o Salvador instituiu a ceia. Mas, como se Cristo não deixasse que ele o recebesse de modo indireto, Ele teve o prazer de declarar a Paulo pessoalmente — ao próprio Paulo, direta e inconfundivelmente

— como a ceia deveria ser celebrada. O apóstolo diz: "eu recebi do Senhor" — não "*nós*", não "eu e os demais apóstolos e discípulos", mas "*eu* recebi do Senhor", indicando uma revelação pessoal e direta de Cristo quanto a este assunto. Depois que o Senhor Jesus subiu à glória, suas revelações foram poucas, mas esta foi uma delas. Ele queria que seus discípulos, portanto, dessem a devida atenção a este assunto importante que Ele revelou especialmente a Paulo.

Ó amados e amadas, muitas vezes tremo por aqueles que alteram indevidamente as ordenanças de Cristo — eles as alteram, ou as tiram de seus devidos lugares, e então dizem que suas alterações não são importantes. Maria disse aos servos em Caná da Galileia: "Façam tudo o que Ele lhes disser" (João 2:5). E precisamos da mesma ordem hoje. Não devemos alterar nada que Cristo determinou, pois "a palavra de um rei tem poder" (Eclesiastes 8:4), e a palavra do Rei dos reis tem poder para condenar aqueles que alteram sua palavra. Tudo o que Cristo ordenou deve ser obedecido por nós — e como Ele se esforçou de modo especial em relação a esta ordenança, para fazer uma revelação distinta além da orientação do Espírito Santo aos quatro evangelistas, podemos ter certeza de que Ele pretendia cercar esta ceia com a máxima solenidade e autoridade.

Já me referi ao próximo ponto, mas é tão importante que eu os lembro novamente que *esta ceia foi ordenada pelo Senhor*. Ele disse: "Façam isto em memória de mim". E novamente: "façam isto, todas as vezes que o beberem, em memória de mim". Se eu amo Cristo, sou obrigado a guardar seus mandamentos — e, entre eles, este, no qual Ele nos diz: "Façam isto". Eu poderia ter pensado, pela conduta de alguns cristãos professos, que Jesus deve ter dito: "*Não* façam isto"; mas como Ele disse: "Façam isto", onde encontrarei uma justificativa para aqueles que nunca fizeram isso, ou sendo seu povo, o fazem tão raramente que Ele não poderia lhes dizer: "Façam isto, *todas* as vezes que beberem", mas Ele poderia dizer: "Façam isto, *as poucas* vezes que beberem", uma vez que a ideia de frequência não entra em sua observância? Mas, queridos amigos e amigas, o que Cristo revelou e ordenou, cabe aos seus amados e amadas obedecer.

Observem, de novo, que *esta ceia foi instituída pelo próprio Cristo, e Ele mesmo primeiro deu o exemplo para sua observância*. Quanto ao batismo, vocês se lembram de como Ele disse: "assim nos convém cumprir toda a justiça" (Mateus 3:15), e assim Ele nos deu o exemplo nesse assunto. E na ceia, foi Ele quem primeiro abençoou e partiu o pão, foi Ele quem primeiro passou o cálice e disse: "Este cálice é a nova aliança no meu sangue". Se ele tivesse dado a ordem, e os apóstolos tivessem sido os primeiros a obedecê-la, ela teria sido vinculativa para nós, mas na medida em que, além de dar a ordem a respeito dela, Ele mesmo deu o exemplo de observá-la — sentando-se no centro da mesa, com os doze ao redor dele —, acho que Ele pôs um halo especial sobre essa ordenança, e não devemos de forma alguma esquecê-la, negligenciá-la ou desprezá-la.

Lembrem-se também de que *Ele a estabeleceu em uma ocasião muito especial*. Na minha opinião, é muito tocante ler: "o Senhor Jesus, na noite em que foi traído, pegou um pão". Não posso deixar de notar que o apóstolo é muito específico ao dizer aqui: "O Senhor Jesus". Muitas vezes Ele usa o nome "Cristo" ao falar do Salvador. Mas aqui está "o Senhor Jesus" para mostrar o temor e a reverência que o apóstolo sentiu quando, pela fé, viu o Mestre na primeira mesa de comunhão. Paulo não podia esquecer que, embora Jesus fosse então Senhor de todos, Ele fora traído naquela mesma noite. Aquele que comeu pão consigo levantou o calcanhar contra Ele (João 13:18), e o vendeu por trinta moedas de prata (Mateus 26:15).

Ainda assim, mesmo enquanto a antecipação daquela traição e tudo o que a envolvia dilacerava seu coração, Ele se lembrou de nós, e estabeleceu esta ordenança para que, rememorando sua pessoa bendita, não fôssemos igualmente traidores, mas pudéssemos ser mantidos firmes em todos os momentos de provação. Ó irmãos e irmãs, parece-me que devemos ser especialmente cuidadosos em observar uma ordenança como esta, instituída quando o coração de nosso Salvador se despedaçava de angústia por nós! E lembrem-se também da importância da ordenança, por causa *da motivação pessoal com que foi instituída*. "Façam isto em memória..." — de quê? Do cristianismo e de suas doutrinas e práticas? Não! Mas "em memória de *mim*".

Vocês sabem o quanto algo se torna especial se um marido prestes a morrer diz: "Faça isto, minha amada, em memória de mim, quando eu estiver morto e tiver partido": vocês nunca deixarão de fazer isto, tenho certeza, se estiver em seu poder. Sabem como é com um amigo que se foi, e que lhes deixou algum objeto de recordação: vocês o guardam com o máximo cuidado. A lembrança é muito preciosa em prol do seu amigo. E nosso querido Senhor e Mestre colocou sobre esta ceia toda a beleza de sua personalidade, toda a graciosidade de seu afeto por nós, e toda a ternura que deve haver em nosso amor por Ele. Se há algo que Ele ordena que vocês façam, vocês devem procurar fazê-lo — mas quando é algo a ser feito em memória dele, vocês realmente devem fazê--lo — o amor de vocês os impele a fazê-lo. Vocês não se envergonham se não o fazem da maneira mais amorosa, humilde, grata e sincera possível, como convém à memória daquele que o amou e deu a si mesmo por vocês (Efésios 5:2)?

Eu não gostaria de ter que instar qualquer cristão a vir à mesa da comunhão — não quero forçar aquilo que deveria ser espontâneo. Se vocês não o amam, não venham à sua mesa. Mas se vocês o amam, venham porque o amam. Venham porque se lembram dele, e porque desejam ser ajudados a se lembrar dele ainda mais. Se não há nada sobre Ele que vocês desejam lembrar, não ousem vir. Mas se Ele é precioso para a alma, o encanto e a confiança de vocês, se o próprio nome dele é música para seus ouvidos, mel para sua boca e alegria para seu coração, então vocês não precisam que eu os pressione a vir à sua mesa, mas vocês virão porque Ele diz: "Façam isto em memória de mim".

Há mais uma coisa que aumenta a importância desta ceia, e é que *ela deve ser observada "até que Ele venha"*. Não é uma ordenança, então, somente para os primeiros séculos cristãos, para ser, por assim dizer, a ponte entre o cerimonialismo do Antigo Testamento e a espiritualidade do Novo Testamento. Não; ela deve ser celebrada "até que Ele venha". Devemos continuar nos reunindo à sua mesa, dando graças, partindo o pão e proclamando sua morte até que a trombeta do arcanjo nos espante (1 Tessalonicenses 4:16) — e então sentiremos que é verdadeiramente bendito sermos encontrados lembrando-nos dele de modo obediente quando Ele, por fim, aparecer.

Quando Ele vier até nós, diremos: "Bendito Mestre, fizemos como nos ordenaste. Mantivemos viva a tua memória no mundo, para nós mesmos e para aqueles que olharam enquanto partíamos o pão e bebíamos do cálice em teu nome; e agora nos alegramos em ver-te em tua glória". Não sei se o encontro entre Cristo e seu povo poderia acontecer em um momento melhor do que se Ele viesse quando eles estivessem reunidos à sua mesa, obedecendo a sua ordem e anunciando sua morte "até que Ele venha".

Assim, tentei, tão brevemente quanto pude, dar instruções quanto à importância desta ceia. Espero que o Espírito Santo enfatize fortemente a verdade nos corações de qualquer um que não tenha observado esta ordenança até agora, e que Ele os leve a perguntar se, de fato, creem em Jesus e amam o Senhor, como podem se justificar por sua desobediência ao que Cristo ordenou tão expressamente.

III

Mas agora, em terceiro lugar, vamos perguntar: *com que espírito devemos vir a esta mesa?*

Eu diria, primeiro, que somos obrigados a vir no espírito de *profunda humildade*. Irmãos e irmãs, para mim é um fato muito humilhante que precisemos de algo para nos ajudar a lembrar de Cristo. Não vejo melhor evidência do fato de que ainda não estamos perfeitamente santificados, pois se estivéssemos, não precisaríamos de nada para nos ajudar a lembrar dele. Ainda há, infelizmente, uma imperfeição persistente em nossa memória — e o mais estranho e triste de tudo é que isso se aplica ao próprio Jesus. É extraordinário que precisemos de algo para nos ajudar a lembrar dele. Ele, a quem tanto devemos, pode ser esquecido por nós? O fato de que esta ordenança deve ser observada em memória dele, "até que Ele venha", é uma prova humilhante de que, até aquele evento glorioso, a memória de seu povo será falha, e ele precisará deste duplo lembrete para lembrar-se dele, que é seu Absoluto-tudo.

O que vejo nesta mesa? Vejo pão ali. Então, deduzo esta lição de humildade: que não posso nem mesmo prover meu próprio alimento espiritual. Sou tão pobre, um indigente absoluto, que minha própria mesa não pode me fornecer aquilo de que necessito, portanto devo ir à mesa do Senhor — e devo receber, por meio dele, o alimento espiritual que minha alma requer. O que vejo no cálice? Vejo o vinho, que é o símbolo de seu sangue derramado. O que isso me diz, senão que ainda preciso de purificação?

Oh, como me alegro naquele texto bendito na primeira epístola de João: "Se andarmos na luz, como ele está na luz, mantemos comunhão uns com os outros"! E então, o que se infere? Que não precisamos mais fazer confissão de pecado, porque estamos completamente purificados dele? Nada disso! "E o sangue de Jesus, seu Filho, nos purifica de todo pecado" (1João 1:7). Ainda precisamos da fonte purificadora mesmo quando estamos andando na luz, como Deus está na luz; e precisamos ir até ela todos os dias. E que misericórdia é que o emblema apresenta a provisão constante de sangue purificador pelo qual podemos ser continuamente purificados! Ao participarmos deste cálice, devemos fazê-lo humildemente, pois assim nos convém ir à mesa de nosso Senhor.

Mas, em seguida, devemos ir *com muita gratidão*. Há aqueles que assumem uma expressão sombria quando pensam em ir à mesa da comunhão, como a senhora Boa-demais, que é descrita em *Village Dialogues*[4] de Rowland Hill[5]. Ela cometeu um erro sobre a semana em que a ordenança deveria ser observada; então não jogou cartas durante aquela semana, e se manteve maravilhosamente pura, pobre velha alma. E então, quando descobriu, no domingo, que tinha cometido um erro quanto ao dia, ela disse que tinha desperdiçado a semana inteira se preparando! Ah, queridos amigos e amigas! Espero que não tenhamos nenhum conhecimento sobre esse método de observar o banquete sagrado. Devemos vir com um estado de espírito muito diferente daquele, pois não estamos vindo para uma ceia fúnebre, mas para um banquete de casamento, repleto de iguarias e deleites.

Venhamos, portanto, com ações de graças, dizendo uns aos outros a respeito de nosso Senhor: "Ele não está aqui, pois ressuscitou; glória ao seu santo nome!" Esses símbolos de lembrança nos dizem que Ele foi para onde era conveniente que Ele fosse (João 16:7), para que o Espírito Santo pudesse descer sobre nós (Atos 1:8). Portanto, amados e amadas, alegrem-se até mesmo por causa da ausência de seu Senhor, pois é bom que Ele

---

[4] Senhora Boa-demais (em inglês, Mrs. Too-good) é uma personagem no livro *Village Dialogues* [Diálogos da vila, ou aldeia], uma coleção de contos didáticos e morais escritos por Rowland Hill em 1801. Ela é descrita como uma pessoa que se considera moralmente correta, porém é hipócrita, e exemplifica um tipo superficial de piedade. Ela é frequentemente retratada como excessivamente preocupada com as aparências e sua reputação, acreditando que suas ações e estilo de vida exteriormente virtuosos são suficientes para a salvação.

[5] Rowland Hill (1745-1833) foi um pregador e pastor inglês popular, evangélico fervoroso e influente defensor da vacinação contra a varíola. Foi presidente da Religious Tract Society; e um ardente apoiador da British and Foreign Bible Society e da London Missionary Society.

tenha subido para a glória. E, ao nos aproximarmos da mesa, cada um sentindo o quão pecador é, o quão indigno é de estar ali, o quão incapaz é de se sentar com os santos, não deveria cada coração dizer: "Bendiga, minha alma, o Senhor, e tudo o que há em mim bendiga o seu santo nome" (Salmos 103:1)? Duas vezes durante o banquete, ações de graças especiais devem ser apresentadas; mas durante todo o banquete, que o coração esteja cheio de santa gratidão e louvor a Deus.

Certamente devemos nos chegar à mesa *com grande reflexão*. Somos informados de que há alguns que não discernem o corpo do Senhor (1Coríntios 11:29) — pensemos e oremos, para que não sejamos contados entre eles. Se não houver reflexão correta, não haverá verdadeiro sentimento espiritual, e não haverá ceia do Senhor, no que lhes diz respeito. Pensem no que seu Salvador sofreu por vocês, no que Ele fez por vocês, e no que Ele foi preparar para vocês. Lembremo-nos de que o pão expõe o sofrimento de seu corpo, que o vinho tipifica o sangue da expiação pela qual somos purificados — que os dois separados, o corpo separado do sangue, formam um símbolo mais sugestivo da morte incomparável pela qual somos levados à vida. Pensem muito à mesa, mas não pensem em nada além de Cristo. Fixem seus pensamentos inteiramente nele, e assim vocês comerão deste pão e beberão deste cálice para o refrigério e proveito de sua alma.

Mas venham, também, *com grande receptividade*. É uma refeição, vocês sabem. Recebemos o pão e o vinho. Então, venham à mesa implorando ao Senhor para lhes dar a graça de se alimentarem dele espiritualmente, para que possam, pela fé, recebê-lo interiormente — para que, no mais íntimo de sua alma, vocês possam ter a virtude de sua vida e de sua morte. Venham vazios, portanto, pois assim vocês estarão mais qualificados para se alimentar dele. Venham com fome e sede — assim vocês terão o maior apetite por Cristo. Recebam-no em toda a sua plenitude por meio de uma fé maravilhosa que o acolhe para ser a alegria eterna de seus corações.

Esse é o espírito, então, para vir à mesa do Senhor. Que o bendito Espírito esteja com vocês, queridos irmãos e irmãs, para que todos os que vierem à mesa o façam com humildade, gratidão, reflexão e receptividade!

IV

Agora termino meu discurso me detendo, por um minuto ou dois, nas *grandes lições que esta ceia incidentalmente ensina*.

A primeira lição é que *Jesus é por nós*. Houve uma grande disputa sobre este versículo: "Isto é o meu corpo, que é partido por vocês". A palavra "partido" aparece em alguns dos manuscritos antigos, mas é, sem dúvida, uma interpolação. Está ausente de vários desses manuscritos nos quais somos obrigados a confiar para o texto correto do Novo Testamento e, portanto, muito apropriadamente, algumas traduções dizem: "Isto (ou este) é o meu corpo, que é por vocês". E, para mim, essa tradução dá um novo entendimento que vale a pena ter. "Isto é o meu corpo, que é por vocês". Ou seja, Cristo é por vocês — a própria ceia não diz isso?

O pão representa o corpo dele por vocês; o vinho representa o sangue dele por vocês. Sabemos que é por vocês, porque vocês comerão o pão. Não há nada que pertença mais ao ser humano do que o que ele come ou bebe. Nosso provérbio diz: "A posse constitui direito real"[6]. E eu me pergunto o quanto isso é verdade quando alguém come algo. Não há nenhuma disputa legal que possa privá-lo disso. Seja qual for o processo judicial que possa ser movido, não há possibilidade de tirar de alguém o que se comeu, e da mesma forma, quando realmente recebemos Cristo pela fé, não há possibilidade de nos roubarem dele. "Isto é o meu corpo, que é por vocês". Oh, que doutrina bendita! Agarrem-se a esta grande

---

[6] No sentido de que a posse é mais fácil de se manter caso alguém a possua *de fato* por algum tempo. Não é um princípio jurídico absoluto, mas uma premissa que pode ser usada em favor do possuidor.

verdade: tudo o que há em Cristo é por vocês. Toda a plenitude da Divindade está nele, "todos nós temos recebido da sua plenitude e graça sobre graça" (João 1:16). Glória seja ao seu nome por isso!

A próxima lição é que *o sangue dele selou a aliança*. "Este cálice é a nova aliança no meu sangue". Eu gostaria de ter uma ou duas horas para poder falar com vocês sobre a aliança. Não adianta começar com esse grande assunto nos poucos minutos que nos restam. Houve uma aliança que nos amaldiçoou — a aliança das obras. Há outra aliança que abençoou os eleitos de Deus e os abençoará por toda a eternidade — a aliança da graça, e esta aliança é assinada, selada e ratificada, em todas as coisas bem-definida; e como seu selo, tem o sangue do próprio Filho de Deus. Portanto, permanecerá firme para todo o sempre. Então, ao tomarem desse cálice, bebam com alegria, porque ele os lembra de que Deus fez com vocês "uma aliança eterna, em tudo bem-definida e segura" (2Samuel 23:5). Oh! Tenho certeza de que se a palavra "aliança" soa como uma música que vocês reconhecem, vocês gostarão de vir à mesa, mesmo que nada além dessa palavra seja trazido à sua memória.

A terceira grande doutrina que é ensinada por esta ceia é que *os que creem se alimentam do próprio Cristo*. Às vezes, eles se esquecem disso, e tentam se alimentar de doutrinas. Isso seria um erro tão grande quanto se um judeu, ao subir ao tabernáculo, tentasse se alimentar das cortinas, ou do altar, ou das pinças de ouro. O que ele tinha como alimento? Ora, a oferta pacífica! (Levítico 7:11-21) Quando ele se aproximava de seu Deus, ele se alimentava do sacrifício — e o verdadeiro alimento daquele que crê é o próprio Cristo Jesus. Alimentem-se dele, então, amados e amadas. Não podemos literalmente comer seu corpo ou beber seu sangue — seríamos piores do que canibais se tentássemos tal coisa. Mas podemos fazer isso, e devemos fazê-lo espiritualmente, tendo nossos corações e mentes descansando sobre o que Cristo é, e o que Ele fez, e assim nos alimentando de nosso Senhor Jesus Cristo.

Terei terminado quando mencionar mais uma lição que deve ser aprendida desta ordenança. Está claro, desta ceia, que *a maneira de se lembrar de Cristo é se alimentar dele repetidamente*. Não é estranho que, quando recebo uma grande misericórdia, a melhor maneira de me relembrá-la seja ir até Deus e receber outra? Se Cristo já foi doce ao meu paladar, a maneira de perpetuar essa doçura é vir e prová-lo novamente. Queridos irmãos e irmãs, não tentem viver de suas velhas experiências. Mesmo o melhor tipo de pão não ficará fresco por muito tempo — ele logo fica embolorado se o deixar de lado. Vocês precisam ter pão fresco saindo constantemente do forno. Até mesmo o maná, que desceu do céu, não pôde ser guardado, para não dar bichos (Êxodo 16:19-20) — e assim é com o alimento para suas almas. Não tentem viver de experiências mofadas.

Mais de trinta anos atrás, tive grande alegria no Senhor quando o conheci. Estou muito feliz por poder me lembrar disso, mas essa lembrança é de pouca utilidade para mim quando fico deprimido em espírito. Nesses momentos, quero que o Senhor venha a mim novamente como Ele veio naquele dia. Vocês vieram a Jesus Cristo — não vieram? — como um pobre e vazio pecador, tantos anos atrás? Então, venham novamente da mesma maneira. Venham a Cristo todos os dias como vocês vieram a Ele no primeiro dia. "Oh, mas eu era apenas um pecador naquela ocasião!" Ora, vocês não são muito mais do que isso agora. E vocês descobrirão que é a coisa mais segura vir exatamente como vieram no início. "Ora, mas não sou um santo experiente a esta altura?" Sim, sim, ouso dizer que sim, mas acho que sempre que visto o fino manto da minha experiência, sou como a dama da corte com uma longa cauda — alguém certamente pisará nela, e então ela se rasga. Gosto de vir a Jesus Cristo exatamente como vim no início.

Suponha que o Diabo me diga: "Você não é filho de Deus". Eu lhe responderia: "Você não sabe muito sobre esse assunto, embora você saiba que você mesmo não é um filho de Deus". "Mas", diz ele, "você não conhece o Senhor". "Ah, então!" Eu pergunto a ele: "O que eu sou?" Ele responde: "Você é um grande pecador imundo". Então, como Lutero, eu corto sua cabeça com sua própria espada, assim como Davi fez com Golias, pois eu lhe digo: "Cristo Jesus veio ao mundo para salvar pecadores (1Timóteo 1:15); e eu estou indo para o Salvador dos pecadores, apenas para confiar nele como eu fiz no início". E o Diabo certamente irá embora quando eu lhe disser isso. Não há nada que fortaleça tanto a alma quanto dar outra olhada na serpente de bronze (Números 21:6-9), ou dar outro mergulho na fonte cheia do sangue, ou se alimentar mais uma vez da provisão inesgotável que está armazenada para nós na pessoa de nosso Senhor.

Se algum de vocês, que veio à mesa do Senhor, não veio a crer em Cristo, nunca ouse vir novamente enquanto estiver nesse estado. Você não tem direito aqui a menos que esteja descansando em Jesus e confiando nele. Esta é a prova de que você é uma nova criatura em Cristo Jesus. Mas se você tem a mais tênue e débil fé em Jesus, venha e seja bem-vindo. Se você está confiando em seus próprios méritos, vá para sua própria mesa — se você acha que haverá algum mérito em sua vinda à mesa da comunhão, não ouse vir, pois isso seria virar a ordenança de cabeça para baixo. Não se deve trazer algo, mas receber algo.

Que vocês, que amam o Senhor, tenham-no na mais alta estima, e que aqueles de vocês que não o conhecem, busquem-no imediatamente, não na mesa, mas no propiciatório e na cruz! Confiem em Jesus, pois assim vocês serão salvos, e então terão o direito de entrar na casa do Senhor, e terão o privilégio de sentar-se à sua mesa, e de desfrutar de todas as outras bênçãos que são a porção da família escolhida. O Senhor faça com que seja assim, por amor a Cristo! Amém!

SERMÃO PROFERIDO EM 1882.

6

O QUE A CEIA DO SENHOR VÊ E DIZ

*Porque, todas as vezes que comerem este pão e beberem o cálice,
vocês anunciam a morte do Senhor, até que Ele venha.*
1Coríntios 11:26

Há algo muito terno sobre a ceia que Cristo instituiu, pois ela diz respeito, de modo muito especial, a Ele mesmo. Outras coisas expõem as verdades que Ele ensinou, ou as bênçãos que Ele obteve, ou os deveres que Ele ordenou, mas esta ceia tem a ver principalmente com o próprio Senhor Jesus Cristo.

É verdade que, ao pensarmos e falarmos sobre ela, aprenderemos uma doutrina preciosa, e seremos encorajados à prática piedosa, mas o pensamento central nesta mesa é sobre o próprio Senhor, e aquela parte dele que é mais fácil para nós compreendermos: sua carne, com a qual Ele nos alcança tão ternamente, tornando-se osso dos nossos ossos, e carne da nossa carne (Gênesis 2:23) – seu sangue, que o torna tão próximo de nós: "Em laços de sangue, um com os pecadores".[1]

---

[1] *In Ties of Blood, with Sinners One* [Em laços de sangue, um com os pecadores], Horatius Bonar, 1835.

É muito abençoado não apenas ser lembrado de Cristo, mas daquela parte dele a que podemos mais prontamente nos achegar. Sua divindade está além de nosso alcance, mas sua humanidade está próxima de nós, e penso que a ternura desta ceia se torna ainda maior pelo fato de que celebra a morte de nosso Senhor. Se algo a respeito de nossos amigos que partiram toca especialmente nosso coração, é a morte deles. Como nos lembramos com muito amor de seus últimos momentos! Suas declarações finais soam para nós como a linguagem dos profetas, palavras que antes eram comuns se tornam preciosas quando ditas por nossos entes queridos ao nos deixarem. A lágrima vem prontamente aos olhos, e o coração bate mais rápido do que o normal quando começamos a nos lembrar de nossos bem-amados amigos, e a nos lembrar deles no momento solene de sua morte.

Nesta ceia, não esqueceremos que nosso bendito Mestre é exaltado, e está sentado à direita de Deus (Atos 2:33), e também seremos lembrados, de maneira enfática, de que Ele virá uma segunda vez nas nuvens do céu com toda a pompa e glória da corte de seu Pai (Lucas 21:27), mas a principal intenção de nossa reunião em torno desta mesa é anunciar a sua morte. Esse é o ponto principal; portanto, amados e amadas, concentrem todos os seus pensamentos em um só pensamento, todas as suas contemplações em uma só contemplação, e coloquem tudo aos pés da cruz enquanto vocês "comem este pão e bebem este cálice".

Para mim, é uma lembrança extremamente terna que vocês e eu sejamos chamados para manter viva essa memória, como se nosso Senhor nos tivesse dado esta ceia com a missão de que cada um de nós deveria cuidar para que sua memória estivesse sempre viva — eu estava prestes a dizer, para manter sua sepultura em ordem, mas não é assim, Ele não está aqui, pois Ele ressuscitou — mas pelo menos, devemos manter as letras sobre este monumento sempre esculpidas de modo profundo e legíveis, mostrando sua morte para que todos que passarem por aqui – que todos que vaguearem pelo cemitério onde pessoas dormiram, e pararem nesta sepultura aberta, e perguntarem quem uma vez dormiu aqui – possam saber por nós que foi Jesus de Nazaré, o Filho de Deus e o Filho do homem, nosso querido e sempre adorado Salvador, quem morreu, foi sepultado e ressuscitou no terceiro dia, de acordo com as Escrituras (1Coríntios 15:3-4).

Vocês veem, então, que esta ceia diz respeito ao nosso Senhor Jesus, e diz respeito especialmente à sua morte, e vocês têm que participar desta ordenança, e assim renovar as coisas memoriais daquele que partiu. Vocês não acham que isso os ajudará a fazer tal coisa se vocês se lembrarem de que Ele não foi para longe? Antes de me levantar para falar com vocês, pensei comigo mesmo que podia ouvir seus passos nesta plataforma, e abri meus olhos após a oração do meu irmão quase esperando ver o Mestre aqui. Ele não está aqui nesse sentido; no entanto, se eu dissesse que Ele está aqui, quem ousaria me contradizer? Ele se foi tanto quanto ainda está presente, e Ele ainda está presente a ponto de estar ausente. Entendam como puderem esse enigma; muitos de vocês entendem o paradoxo bendito.

Não perdemos a presença espiritual de nosso Senhor, mas estamos procurando por sua presença corporal, e eu acho que Ele já está tão perto que, se Ele aparecesse de repente em nosso meio, não seria nenhuma surpresa para nós, e todos nós bateríamos palmas e diríamos: "Bem-vindo, tu que és tão esperado! Sabíamos que virias, e sentimos a influência de sua presença; o evento que está prestes a acontecer lançou seu brilho sobre nós. Nós sabíamos que estavas a caminho, pois nossos corações ardiam dentro de nós (Lucas 24:32), e nós te sentimos chegando mais perto, e os dias de sua glória amanhecendo".

Muito bem então, tendo tudo isso em mente, temos agora que considerar o que o apóstolo Paulo disse sobre esta ceia, e primeiro, eu pedirei a vocês para pensar *no olhar pretérito desta ordenança*: "vocês anunciam a morte do Senhor". Em segundo lugar, eu pedirei a vocês para ouvirem *a voz presente desta ordenança*, para tentar ouvir o que ela agora sussurra em nossos ouvidos; e então, em terceiro lugar, eu falarei do *olhar profético desta ordenança*, já que o texto nos diz que nela nós "anunciamos a morte do Senhor, até que Ele venha"; assim, há na ordenança um vislumbre da glória de Cristo que há de vir, um brilho daquela luz tão esperada.

I

Primeiro então, vamos pensar no *olhar pretérito desta ordenança*.

Ela era para ser o memorial do grande evento da vida de Cristo, e acho que todos vocês concordarão comigo que é *um memorial muito eficaz*. Foi dito por pessoas bem competentes para julgar que não há melhor memorial de um evento do que a celebração de uma grande festa como esta. Se se escrever o registro dele em um livro, ele pode ser colocado em uma prateleira e talvez permanecer sem ser lido, ou pode ser completamente destruído para que não sobre nenhuma cópia dele. Se se erguer uma coluna de pedra ou bronze, e se gravar algumas palavras sobre ela como memorial, essa coluna pode ser modificada para algum outro uso, e a intenção original de ter sido erigida pode ser totalmente esquecida. Eu vi colunas de mármore, registrando triunfos do Império Romano, incorporadas às casas de camponeses italianos, e vocês podem ter visto o mesmo. Janelas pintadas se quebram, e até mesmo o latão maciço se desgasta. Como vocês podem manter algo nas tábuas da memória dos seres humanos? Está aqui algo que vai fazer sucesso por alguns dias – isso durará alguns séculos, mesmo estando em livros velhos e carcomidos, ou nitidamente escrito em pergaminhos? Será que o cartório não será invadido por ratos? Já não aconteceu isso com frequência, e os documentos mais bem preservados perderam-se?

Mas instituam uma ceia como esta, para que, onde quer que os seguidores de Cristo se reúnam, um pedaço de pão e um pouco de vinho possam ser suficientes para demonstrar imediatamente a morte de Cristo, e vocês instituíram um memorial que durará mais que o granito, e que rirá com desprezo dos objetos memoriais de bronze. Falam de mármore imperecível? Aqui se tem algo muito mais duradouro, e agora, por quase dezenove séculos, a igreja de Deus manteve viva a memória da morte de Cristo por este banquete sagrado. Na sabedoria de Cristo, ela nos foi dada, não nos tornemos tão sábios – ou melhor, tão tolos – a ponto de negligenciá-la.

Ao olhar para o passado desde esta ordenança, vemos que ela não é apenas um memorial muito eficaz, mas também *um símbolo muito instrutivo*. Em que consiste esta ceia? Simplesmente em pão e vinho.

O pão deve ser partido, e que melhor emblema de sofrimento pode-se ter do que este? O pão em si, se visto corretamente, parece ser uma quantidade enorme de sofrimentos: a semente é lançada no solo que foi cortado pelo arado afiado. Ela fica enterrada por um tempo no solo frio. Quando cresce, tem que suportar primeiro a geada e todas as provações do clima invernal, e depois o calor do verão. E quando amadurece, é cortada com uma foice afiada. Os feixes pressionam uns sobre os outros, são jogados no chão do celeiro, e o grão precioso é debulhado por meio de batidas violentas. Em seguida, deve ser levado ao moinho, para ser esmagado entre grandes pedras, e quando estiver completamente esmagado em farinha fina, deve ser amassado e transformado em massa. Então ele deve ser assado no forno; e não terminou seu longo processo de sofrimento até que, finalmente, seja colocado sobre a mesa, e partido em pedaços, e então partido ainda mais com os dentes para entrar nas pessoas e se tornar seu alimento. De modo que o pão partido é um emblema admirável daquele corpo precioso de nosso Senhor Jesus Cristo, no qual todos os tipos de aflições foram condensados até que o "homem de dores" (Isaías 53:3) foi completamente consumido por elas.

E olhem também para o vinho no cálice. Ele também não indica dor e sofrimento? Vocês já viram a videira – especialmente nos países produtores de vinho – como ela é cortada até que, no inverno, pareça não ser nada além de um velho toco morto? Como a podam bruscamente, e a cortam de volta se for uma boa videira! E quando finalmente ela dá seus cachos, as uvas são colhidas, jogadas no lagar e esmagadas sob os pés pisoteadores dos trabalhadores, e o suco da uva fluindo livremente é a imagem do sacrifício de Cristo – a entrega de sua vida – o derramamento do precioso sangue de Jesus.

Agora, tome os dois emblemas separadamente: vocês não podem fazer a ceia do Senhor com os dois juntos. Vocês devem tê-los ambos, mas vocês devem tê-los separados, pois quando o sangue é separado da carne, então a morte se segue. Desse modo, na mesa, vocês não têm apenas dois símbolos de intenso sofrimento, mas você tem nos dois separados um do outro um símbolo mais marcante e instrutivo da morte. Isso é exatamente o que o Senhor pretendia que fosse, e quando chegamos aqui, dificilmente podemos deixar de lembrar de sua morte, pois ela está tão claramente apresentada diante de nós.

Não sei o que a missa apresenta, com todo seu cerimonial ridículo e sua zombaria, o que isso pode ter a ver com Cristo, não consigo dizer. Mas aqui vocês têm, como Cristo instituiu a ordenança, um justo símbolo e emblema de seu corpo partido, e de seu sangue derramado, e, portanto, de sua morte.

Vocês têm também nesta ceia algo mais do que isso, e isto é, uma exibição mais aprazível e feliz do resultado daquela morte. Nosso Divino Mestre morreu. "Que tristeza!", nós clamamos, "Pois o amado do céu está morto na sepultura!" Sim, mas vejam o que surge de sua morte: os seres humanos são agora chamados a banquetearem-se com Deus. Nosso Senhor Jesus, por sua morte, providenciou esta iguaria sagrada com a qual almas famintas podem se alimentar até estarem cheias, e elas são convidadas a vir e tomar daquilo que é provido – o bom sustento do céu, o pão que fortalece o coração do ser humano, e o vinho que seguramente alegra seu espírito.

Sim, o ser humano não é mais um pária; ele não deseja mais que as cascas dos porcos encham sua barriga, mesmo que elas não possam satisfazê-la, mas ele se senta à mesa, e um banquete de pratos fartos é preparado para ele – uns para sustento e outros para o prazer – pão e vinho providenciados para ele em Cristo. E isso é claramente apresentado para todos que se importam em ver isso nesta ceia. E isso não é tudo.

Há, nesta ceia, *uma confissão e testemunho a Cristo de modo individual, e ainda assim, coletivo*. Pode ter parecido difícil misturar esses dois, pois a religião é uma questão individual. Se Cristo deve me salvar, devo me alimentar individualmente dele, e ainda assim, a religião também é uma questão social. Se Cristo deve me salvar, deve ser em conexão com toda a sua igreja, a qual Ele remiu com seu sangue mais precioso (Atos 20:28).

Ora, aqui, à mesa, comer é um ato individual: ninguém pode comer ou beber por seus semelhantes, e assim, cada um demonstra que de seu próprio coração, de sua própria vontade, por sua própria fé, recebe Cristo como seu Salvador. No entanto, na medida em que ninguém sozinho pode celebrar a ceia do Senhor, mas deve haver dois ou três, no mínimo (Mateus 18:20), então o grande fato é apresentado que não somos salvos sozinhos, mas salvos como membros de um corpo – a igreja de Deus que Ele remiu a um custo tão grande.

Vejam então, como a unidade está perdida na multidão – não, não perdida, ela ainda está lá, e ainda assim não está mais separada – e esta ceia apresenta tudo isso. Venham, portanto, amados e amadas, a esta ordenança que tem tanta riqueza de significados nela que as poucas palavras que eu disse apenas tocam a superfície do assunto. Venham, eu digo, e pensem em seu Amado. Ele morreu – morreu por vocês – aquele corpo querido dele, cheio de hematomas e com vergões cruéis, e vermelho com seu próprio sangue – aquela vida derramada, embora fosse por todo o seu povo, ainda assim era especialmente por você, meu irmão, por você, minha irmã. Vocês não viram Cristo morrer, mas se sua fé estiver em uma condição correta, vocês podem vê-lo morrer, por assim dizer, emblematicamente; vocês podem ver sua morte vividamente apresentada, de uma forma impressionante, nestes emblemas sobre a mesa. Deus lhes dê graça para vê-la, e em resposta, para amar mais aquele que morreu no Calvário por vocês!

Oh, se vocês o tivessem visto morrer, o horror daquela cena teria lhes dominado, e em vez de doces pensamentos de devoção, como vocês imaginam que pode ser o caso, vocês provavelmente teriam sido esmagados pelo terror. Mas agora, como através de um vidro, nos emblemas do corpo e do sangue de Cristo, vocês podem vê-lo sob uma luz mais suave. O horror pode não lhes oprimir, mas vocês podem sentar-se nestes bancos e ver aquele que morreu por vocês – vê-lo com uma alegria santa, pois Ele pode amar vocês, e se entregar por vocês. São vocês que devem pensar nele; são vocês que devem discernir o corpo do Senhor (1Coríntios 11:29); são vocês que devem comer e beber dignamente com todo o seu coração (1Coríntios 11:27) apresentando a morte de Cristo; são vocês que devem representá-lo – vocês, com todos os seus irmãos e irmãs, mas não menos de forma tão verdadeira como se estivessem desacompanhados. "Todas as vezes que comerem este pão e beberem o cálice, vocês anunciam a morte do Senhor".

Esse é o olhar pretérito desta ordenança; que o Espírito de Deus os capacite a darem esse olhar neste momento!

II

E agora, queridos amigos e amigas, em segundo lugar e brevemente, prestem um pouquinho de atenção e ouçam *a voz presente desta ordenança para vocês*. O que ela diz nesta hora?

Ela me diz – e meu coração ouvirá – que *a morte de Cristo ainda deve ser mantida à frente de tudo*. Devo "anunciar a morte do Senhor, até que Ele venha". Não importa o que eu esqueça, devo lembrar disso, e esta ceia é instituída de propósito para que eu possa fazê-lo. Ó meu coração, você deve manter um Cristo morrendo sempre diante de você! Cristo à minha frente! Cristo à frente no meu ensino! Cristo à frente em todas as minhas orações! Cristo à frente em todos os lugares! Ó memória, não deixe nenhum outro nome além do dele registrado em meu coração! Não importa o que mais venha ou vá, meu coração, você é informado de que ainda deve se lembrar da morte dele, e mantê-la bem adiante de tudo!

Mas sobre a mesa, ouço um sussurro: "*Você ainda precisa deste memorial*". Não devemos apenas nos lembrar de Cristo, devemos "fazer isto" em memória dele. Esta ordenança tem a intenção de ajudar nossa memória. É possível que possamos esquecer a morte de nosso Senhor? Ah! se não tivesse sido possível, e provável, que nos esquecêssemos dela, não haveria necessidade desta ceia; mas ela é ordenada porque somos naturalmente esquecidos, somos ingratos o suficiente para deixar até as melhores coisas escaparem.

Não esquecemos nossos amados deste mundo que nos foram tirados: a querida criancinha tem seu nome inscrito nas tábuas do coração de sua mãe; o marido não se esqueceu de sua esposa; mas ainda assim nos esquecemos de nosso Senhor, e por isso Ele nos deixou este doce lembrete. Ele nos fala, por assim dizer: "Não, meus amados e amadas, não deixarei que vocês se esqueçam de mim; eu lhes darei algo que frequentemente os lembrará de mim. Venham com frequência à minha mesa, e ali pensem constantemente em mim mais uma vez e de maneira nova".

O que mais essa ordenança diz? Ela diz: "*Nesta ceia, tenho comparticipação com os séculos que se foram, e com aqueles que se seguirão*". Quando nosso Senhor disse aos seus primeiros discípulos: "façam isto em memória de mim", Ele realmente deu essa ordem a cada um de nós que cremos nele, mas Ele também a deu a todos os santos que se foram antes de nós, e a todos os que virão depois de nós. Não encanta a vocês pensar que estão comendo como Paulo comeu, e como Tiago e João comeram – que vocês estão na comparticipação dos mártires[2] e confessores[3], dos Pais[4] e dos Reformadores[5], e que nós, nesta ordenança, entramos na grande nuvem de testemunhas (Hebreus 12:1), e tomamos nossa parte com eles?

Eu encaro esta ceia – que alguns parecem considerar uma cerimônia sem importância – como algo muito augusto e sagrado, vendo quantas mãos se uniram para partir este pão, e quantos lábios tomaram parte deste cálice. Assim será no futuro quando vocês e eu dormirmos com nossos ancestrais. Se Cristo não vier por um muito e muito tempo, esta ordenança ainda será observada pelos fiéis. Se sua vinda for adiada por dez mil anos – e que Deus não permita! – ainda assim esta mesa de ceia seria posta, e corações amorosos se reuniriam ao redor dela para manter este memorial vivo na terra "até que Ele venha".

Vocês veem o que esta comunhão realmente é? É uma ponte de diamantes que brota da morte de nosso Senhor com um grande arco, e abrange o espaço intermediário "até que Ele venha". Benditos são aqueles que estão pisando naquela ponte gloriosa, e marchando, lavados no sangue de sua morte (Apocalipse 1:5), até que usem as vestes brancas de sua vitória (Apocalipse 3:5) no dia de sua aparição.

Acho que ouço outra voz saindo do fundo do cálice. Ela diz: "*Ele virá. Ele virá*". E oh! bendita certeza, pois Ele deve cumprir seu encontro

---

[2] Alguém que sofreu torturas ou morte por sua fé cristã.
[3] Alguém que confessou (= não negou) sua fé no período das perseguições, no princípio do cristianismo.
[4] Os Pais da Igreja foram teólogos, professores e mestres cristãos que viveram entre o final do primeiro e do sétimo séculos.
[5] Os Reformadores protestaram contra o estado decadente da Igreja Católica medieval na Europa, criticando a falta de moralidade, a corrupção, o abuso de poder, a avareza e sua teologia, dos quais se destacam: Martinho Lutero, Zuínglio e João Calvino. O termo "protestante" foi lhes dado para se referir ao ato de protestar contra ao *status quo* estabelecido.

marcado; esta ceia é sua promessa, e seria uma cruel zombaria de nós se Ele nunca viesse. Ele *tem que* vir.

Meus irmãos, já faz quase dezenove séculos desde que Jesus disse a seus discípulos: "Na casa de meu Pai há muitas moradas. Se não fosse assim, eu já lhes teria dito. Pois vou preparar um lugar para vocês. E, quando eu for e preparar um lugar, voltarei e os receberei para mim mesmo, para que, onde eu estou, vocês estejam também" (João 14:2-3), e Ele virá. Não se cansem, ou se ficarem abatidos com a longa vigilância e espera, não fiquem em dúvida. Ele virá.

Seus antecessores pensaram que Ele viria no tempo deles (1 Tessalonicenses 4:17). Alguns deles se imaginavam muito sábios, e tentavam interpretar as profecias que nunca serão explicadas até que se cumpram, e se perderam em labirintos intermináveis de conjecturas. Não façam isso, mas ainda assim, não joguem fora sua fé porque vocês deixaram de lado suas especulações. Creiam, tenham esperança, esperem pacientemente e procurem a cada dia pelo retorno de Cristo, pois Ele pode vir antes que o relógio de amanhã bata ao meio-dia; Ele pode vir antes que a meia-noite caia sobre o silêncio desta grande cidade. Antes que a palavra que estou falando saia destes lábios e alcance seus ouvidos, Ele pode aparecer, pois "daquele dia e hora ninguém sabe, nem os anjos dos céus" (Mateus 24:36). Mas é nosso dever ficarmos vigiando, esperando e tendo esperança, pois esta ceia nos diz que Ele com certeza virá de novo.

Mais uma mensagem me vem deste pão partido, e é que *é sua primeira vinda que nos prepara para a segunda*. Não é assim? "Vocês anunciam a morte do Senhor, até que Ele venha". Vocês mantêm diante dos olhos da sua mente o fato de que Ele veio uma vez para morrer, a fim de que vocês possam sentir alegria no fato de que Ele está voltando, não para morrer, mas para reinar para todo o sempre (Apocalipse 11:15). Acho que ouço as incontáveis trombetas, e vejo os mortos ressuscitando, e contemplo o Rei assistido por dez mil vezes dez mil reis. Reis, eu os chamei? Eles me parecem estrelas, não, como sóis, pois "então os justos resplandecerão como o sol, no Reino de seu Pai" (Mateus 13:43). O Senhor deles veio, e seus santos estão reunidos a Ele. Arrebatados nas nuvens, os vivos estão com Ele, e os mortos ressuscitaram e se juntaram a eles (1 Tessalonicenses 4:16-17).

Oh, o esplendor daquele dia tremendo! Embora não saibamos quando será esse dia, sabemos que Ele virá, os anjos deram a promessa aos galileus, e ela será cumprida: "Esse Jesus que dentre vocês foi recebido no céu, assim virá do modo como vocês o viram ir para o céu" (Atos 1:11). Nas nuvens do céu, com grande pompa, Ele aparecerá, e ao chegarmos a esta mesa de comunhão, devemos pensar naquela gloriosa aparição de nosso Senhor.

III

Agora, por último, tenho de falar sobre *o olhar profético desta ordenança*. Já me referi a isso em parte, pois um pensamento em nosso texto se mistura com outro.

O olhar profético nos revela o fato de que *Cristo virá novamente*. Devemos celebrar esta ceia "até que Ele venha". Então, Ele virá. Não durmam, vocês, virgens, pois à meia-noite o grito será ouvido: "Eis, o Noivo vindo" (Mateus 25:1-13). Ó vocês que o servem, não comecem a espancar seus conservos, e a se embriagar (Mateus 24:45-51), pois Ele virá, e Ele pode estar aqui em breve! Por esta ceia temos a certeza de que Ele virá.

"Mas," talvez você diga, "seus santos esperaram por Ele quase dois mil anos". O que é isso? Dois mil anos? Pensem naqueles que esperaram quatro mil anos antes que Cristo viesse aqui para morrer. Agora, eu acho que esperar dois mil anos pela segunda Vinda de nosso Senhor é uma ninharia comparado a esperar quatro mil anos por sua primeira Vinda, pois você vê, dessa primeira vinda dependia a salvação de todo o seu povo. Os antigos bem poderiam perguntar: "Ele virá para morrer?".

Ó meus irmãos e irmãs, se Abraão, os patriarcas e os profetas tivessem dúvidas sobre sua vinda para sangrar e morrer, eu não deveria esperar saber tanto. Quatro mil anos se passaram, e ainda assim Ele não veio; cada um não poderia ficar se questionando por medo de que Ele não viesse – que não houvesse redenção – nenhum derramamento do grande preço pelo qual os seres humanos seriam libertos? Quatro mil anos para esperar por isso! Ora, se temos que esperar quarenta mil anos por sua segunda Vinda, não precisa ser um tempo de espera tão ansioso, porque podemos esperar que Ele venha em sua glória, podemos esperar que Ele venha para ser admirado em todos os que creem, podemos esperar que Ele venha para reinar para todo o sempre. Podemos ter certeza de que aquele que matou o dragão virá para dividir os despojos; aquele que derrotou a morte e o inferno (Apocalipse 20:14) virá para levar cativo o cativeiro (Efésios 4:8), e reinar para todo o sempre, Rei dos reis e Senhor dos senhores (Apocalipse 19:16). Vocês não estão esperando na noite, pois a Estrela da Manhã surgiu (2Pedro 1:19). Vocês não estão esperando na escuridão espessa, o amanhecer surgiu sobre vocês. Cristo apareceu uma vez, vocês são remidos por seu sangue (Efésios 1:7); vocês são filhos do Deus vivo (Romanos 9:26). Esperem com paciência, pois Ele certamente virá, e cada hora o traz mais perto.

O que essa ordenança me diz mais? Ora, certamente, que *a vinda de Cristo será melhor do que ordenanças*. Se quando Ele vier, não haverá mais ceias do Senhor como as observamos agora, e se for, como certamente é, uma regra do reino sempre ir do bom para o melhor, e do melhor para o sublime – pois Deus nunca traz o melhor vinho primeiro, e depois o que é pior (João 2:10), mas é sempre algo melhor, e melhor, e melhor, então o que deve ser a vinda de Cristo?

Irmãos e irmãs, a comunhão com Cristo nas ordenanças é muito, muito doce. Oh, às vezes, tivemos tanto prazer, tanto deleite, tanto arrebatamento à mesa de nosso Senhor, que dificilmente poderíamos ter suportado mais! Nessas ocasiões, simpatizei um pouco com Pedro quando ele desejou construir três tendas e permanecer no Monte da Transfiguração (Mateus 17:4). É muito fácil chegar a uma grande altura, mas, ai! logo desceremos novamente.

Gostaria que pudéssemos sempre fazer, em coisas espirituais, o que fiz hoje em coisas temporais; estou mancando tanto, e foi uma dor tão grande para eu subir aqui esta manhã,[6] que eu disse: "Se Deus quiser, se eu subir uma vez à minha plataforma e pregar, não descerei de novo até que tenha pregado o sermão da noite", então fiquei lá em cima o dia todo. Quando subi uma vez, continuei. Agora, lembrem-se de fazer isso em coisas espirituais.

Vocês sabem, se vocês descerem, seus mancos, que vocês podem não conseguir se levantar de novo; então parem quando estiverem de pé, e tentem continuar desfrutando da presença de seu Senhor e Mestre. Mas se as ceias do Senhor e as comunhões com Cristo em ordenanças externas são tão doces, e devemos prosseguir para algo ainda melhor quando o próprio Senhor vier, então que deleite sem medida será!

Oh, ter um vislumbre dele! Se os pés de seus servos sobre as montanhas são formosos (Isaías 52:7), o que deve ser seu próprio rosto querido quando Ele estiver abaixo nos vales entre nós? Oh, se o som de seu Evangelho for como sinos de prata, o que serão as declarações de seus próprios lábios queridos quando suas palavras forem como lírios pingando mirra de cheiro suave?

Ai, ai! Há algo vindo para você, cristão, do qual você sabe muito pouco ainda. Olhos não viram, nem ouvidos ouviram, nem entrou em seu coração conhecê-los, mas Deus os revelou a você por seu Espírito (1Coríntios 2:9). Você os conhece até certo ponto, mas não totalmente ainda, pois aqui vemos em parte e entendemos apenas em parte, mas lá conheceremos assim como somos conhecidos (1Coríntios 13:12).

---

[6] Spurgeon sofreu por muitos anos com gota, problemas renais e reumatismo, além de depressão.

Tenham bom conforto, irmãos e irmãs; tirem toda a doçura que puderem desta ceia enquanto ela durar, mas não se esqueçam de que há algo melhor do que isto ainda a ser revelado. Esta ordenança é apenas como uma vela, ou uma pequena estrela; quando Cristo vier, vocês não precisarão dela, pois Ele é o sol (Salmos 84:11).

Além disso, esta ceia, ao olhar para o futuro, não nos diz que está chegando *o tempo em que nos livraremos de todas as fraquezas*? Onde está a necessidade desta ceia, senão que temos memórias tão fracas e frágeis? Quando ela for tirada, será um sinal de que temos boas memórias – memórias que não perderão nada, mas se manterão naquilo que é bom e abençoado para sempre e para sempre. Quando esta comunhão não for mais observada, será um sinal feliz de que chegamos à nossa perfeição.

Encerrarei aqui, mas parece que, ao encerrar, eu disse a vocês: "Este é um tipo de prefácio". Em meus antigos livros puritanos, frequentemente encontro um prefácio escrito por outra mão para introduzir o escrito do autor. Bem, este é meu prefácio para apresentá-los a este livro maravilhoso: a comunhão, o banquete de amor, a ceia do Senhor. Não há ensino igual a este em nenhum lugar. Tenho o hábito de vir à mesa do Senhor todo primeiro dia da semana há muitos anos, nunca o negligenciei, exceto quando estou doente demais para me mover. Perdeu seu frescor? Oh, meu amigo, não! É sempre um sermão permanente, contendo mais ensino do que volumes de sermões humanos.

Não sei como conseguem levar a vida aqueles que têm a comunhão apenas uma vez a cada três meses, ou uma vez por ano. Paulo disse: "todas as vezes que comerem este pão e beberem o cálice". Ele deveria ter dito: "todas as raras vezes que beberem", de acordo com o hábito de alguns. Não há lei sobre a frequência de sua observância, exceto a doce lei do amor que parece dizer: "Se esta é uma janela para onde Cristo olha, então que eu me aproxime dela com frequência. Se esta é uma porta pela qual Ele vem ao meu coração, então que eu fique constantemente nesta porta".

"Constantemente" – frequentemente – acho que pelo menos uma vez na semana é bom para nós virmos à mesa do nosso Senhor. Mas há alguns de vocês que nunca vieram a esta mesa ainda. Se você não é o povo de Deus, não venha, não lhe faria bem; antes lhe faria mal participar destes emblemas. Se você não crê no Senhor Jesus Cristo, não venha à sua mesa: você seria hipócrita ou intruso. Mas se você crê sinceramente em Cristo, como pode parar de frequentar? "Façam isto", Ele diz, "em memória de mim".

Suponha que seu Senhor viesse, e você nunca tivesse feito o que Ele lhe ordenou? O que você lhe diria? "É uma questão tão simples", você diz. Sim, em alguns sentidos é; portanto, preste atenção a ela. Se fosse uma questão em que sua alma estivesse envolvida, de modo que você não pudesse ser salvo sem ela, você diz que prestaria atenção a ela. Prestaria? Que egoísmo miserável seria! É só por isso que você deve viver – para que você possa ser salvo? Você realmente vale a pena ser salvo, uma criatura tão miserável como você é? Você me parece uma coisa pobre demais para valer a pena ser remida.

Se você é o que deveria ser, está crendo em Cristo, e está salvo, e agora você diz: "O que posso fazer para mostrar minha gratidão a Ele que me remiu?", seu coração se expande, seu espírito é alargado, e se há algo, pequeno ou grande, que Cristo ordena como uma prova de amor a Ele, você fica feliz em fazê-lo. Você não deseja às vezes que Ele lhe dê algo muito difícil de fazer – algum projeto difícil? Você nunca invejou aqueles que morreram por Ele queimando na fogueira? Oh, deve ter sido grandioso assim provar o amor de alguém por Ele! Mas Ele diz: "Se você me ama, guarde os meus mandamentos" (João 14:15), e este é um dos seus mandamentos: "Façam isto em memória de mim". Agora, venham, queridos amigos e amigas, a esta mesa de comunhão, buscando seu Senhor e Mestre; e que vocês o encontrem, e seus corações sejam alegrados! Amém!

Sermão pregado em 1883.

7

O CONTATO REAL COM JESUS

*E Jesus disse: Alguém me tocou, porque
senti que de mim saiu poder.*
Lucas 8:46

NOSSO Senhor estava com muita frequência no meio de uma multidão (Marcos 3:9). Sua pregação era tão clara e tão forte que Ele sempre atraía um vasto número de ouvintes e, além disso, o rumor sobre os pães e peixes (Mateus 15:32-39) sem dúvida tinha algo a ver com o aumento de seus ouvintes, enquanto a expectativa de contemplar um milagre com certeza aumentaria o número de bajuladores.

Nosso Senhor Jesus Cristo frequentemente achava difícil se mover pelas ruas por causa das massas que o pressionavam. Isso era encorajador para Ele como pregador, e ainda assim como foi pequeno o que sobrou de bem verdadeiro que adveio de toda a euforia que se reunia em torno de seu ministério pessoal! Ele poderia ter olhado para a grande massa e dito: "O que é a palha para o trigo?", pois aqui ela estava empilhada na eira, monte sobre monte, e ainda assim, após sua morte, seus discípulos poderiam ter sido contados por algumas dezenas, porque aqueles que o receberam espiritualmente eram poucos.

Muitos foram chamados, mas poucos escolhidos (Mateus 22:14). No entanto, onde quer que alguém fosse abençoado, nosso Salvador guardava na memória; isso tocava fundo em sua alma. Ele nunca poderia ignorar quando a força saía dele para curar um doente, ou quando o poder saía com sua ministração para salvar um pecador. De toda a multidão que se reunia em torno do Salvador no dia do qual nosso texto fala, não encontro nada dito sobre nenhum deles, exceto este solitário "alguém" que o tocou.

A multidão veio, e a multidão foi, mas pouco é registrado de tudo isso. Assim como o oceano, tendo avançado com a maré cheia, deixa apenas pouco para trás quando se retira novamente para seu canal, assim a vasta multidão em torno do Salvador deixou apenas este depósito precioso – um "alguém" que o tocou e recebeu poder dele.

Ah, meu Mestre, que possa ser assim novamente esta noite! Nestas manhãs e nestas noites de domingo, as multidões vêm chegando como um oceano poderoso, enchendo esta casa, e então todos se retiram novamente, somente aqui e ali há um "alguém" que fica chorando pelo pecado, um "alguém" que fica se alegrando em Cristo, um "alguém" que pode dizer: "Toquei na orla de sua veste, e fui curado" (Lucas 8:42-48). Todos os meus outros ouvintes não valem os "alguém". Os muitos de vocês não valem os poucos, pois os muitos são as pedras, e os poucos são os diamantes; os muitos são os montes de cascas, e os poucos são os grãos preciosos. Que Deus os encontre nesta hora, e todo o louvor será dele!

Jesus disse: "Alguém me tocou", do que observamos que *no uso de meios da graça e ordenanças, nunca deveríamos estar satisfeitos a menos que entremos em contato pessoal com Cristo*, para que o toquemos, como esta mulher tocou sua veste. Em segundo lugar, *se entrarmos em tal contato pessoal, teremos uma bênção* – "senti que de mim saiu poder"; e em terceiro lugar, *se recebermos uma bênção, Cristo saberá disso*, por mais obscuro que seja nosso caso, Ele saberá, e Ele fará com que outros saibam disso; Ele falará, e fará perguntas que nos atrairão e nos manifestarão ao mundo.

I

Primeiro, então, *no uso de todos os meios da graça e ordenanças, que seja nosso principal objetivo entrar em contato pessoal com o Senhor Jesus Cristo.*

Pedro disse: "É a multidão o rodeia e aperta!" (Lucas 8:45), e isso é verdade quanto à multidão até hoje, mas daqueles que vêm onde Cristo está na assembleia de seus santos, uma grande proporção só vem porque é seu costume fazê-lo. Talvez eles mal saibam por que vão a um local de adoração. Eles vão porque sempre foram, e acham errado não ir. Eles são como as portas que vão e vêm em suas dobradiças: não se interessam pelo que é feito, pelo menos apenas nas partes aparentes do culto; é no coração e na alma do negócio que eles não entram, e não podem entrar.

Eles ficam felizes se o sermão for bem curto: há muito menos tédio para eles. Eles ficam felizes se puderem olhar ao redor e contemplar a congregação: encontram nisso algo que os interessa; mas se aproximar de Jesus não é algo que lhes interessa. Eles não olharam para isso sob essa luz.

Eles vêm, e eles vão, eles vêm, e eles vão, e será assim até que, aos poucos, eles virão pela última vez, e eles descobrirão no próximo mundo que os meios da graça não foram instituídos para serem questões de costume, e que ter ouvido Jesus Cristo pregado, e tê-lo rejeitado, não é pouca coisa, mas uma coisa solene pela qual eles terão que responder na presença do grande Juiz de toda a terra.

Outros há que vêm à casa de oração, e tentam entrar no culto, e o fazem de uma certa maneira, mas é apenas de forma hipócrita ou profissional. Eles podem vir à mesa do Senhor: talvez participem da ordenança do batismo; eles podem até mesmo se juntar à igreja. Eles são batizados, mas não pelo Espírito Santo. Eles tomam a ceia do Senhor, mas eles não tomam o próprio Senhor: eles comem o pão, mas nunca comem sua carne; bebem o vinho, mas nunca bebem seu sangue. Foram sepultados no tanque batismal, mas nunca foram sepultados com Cristo no batismo, nem ressuscitaram com Ele em novidade de vida (Romanos 6:4-5).

Para eles, ler, cantar, ajoelhar-se, ouvir e assim por diante, são suficientes. Eles se contentam com a casca; mas o bendito cerne espiritual, a verdadeira medula e gordura, sobre isso eles não conhecem nada. Esses são os muitos, não importa em qual igreja ou lugar de reunião se queira ir. Eles estão na multidão ao redor de Jesus, mas não o tocam. Eles vêm, mas não entram em contato com Jesus. Eles são ouvintes de fora, externos apenas, mas não há toque interior da pessoa bendita de Cristo; nenhum contato misterioso com o sempre bendito Salvador; nenhuma correnteza de vida e amor fluindo dele para eles. É tudo uma religião mecânica. Da piedade vital, eles não conhecem nada.

Mas Cristo disse: "Alguém me tocou", e esse é o cerne da questão. Ó meu ouvinte, quando você estiver em oração sozinho, nunca se satisfaça em ter orado; não desista até ter tocado Cristo em oração, ou se você não chegou a Ele, pelo menos suspire e chore até que o faça! Não pense que já orou, mas tente novamente. Quando você vier ao culto público, eu imploro, não se contente em ouvir o sermão, e assim por diante – como todos vocês fazem com atenção suficiente, disso eu dou testemunho – mas não se contente a menos que chegue a Cristo, o Mestre, e o toque.

Toda vez que vier à mesa da comunhão, considere que não foi nenhuma ordenança da graça para você, a menos que tenha passado pelo véu para os próprios braços de Cristo, ou pelo menos tenha tocado em sua veste, sentindo que o primeiro objetivo, a vida e a alma dos meios da graça, é tocar o próprio Jesus Cristo, e a menos que "alguém" o tenha tocado, o todo foi uma mera performance morta, sem vida ou poder.

A mulher em nosso texto não estava apenas entre aqueles que estavam na multidão, mas ela tocou Jesus, e portanto, amados e amadas, deixem-me apresentá-la para ser seu exemplo em alguns aspectos, embora eu pediria a Deus que em outros aspectos vocês pudessem superá-la.

Observem, primeiro, que ela sentiu que não adiantava estar na multidão, não adiantava estar na mesma rua com Cristo, ou perto do lugar onde

Cristo estava; mas *ela deveria chegar até Ele, ela deveria tocá-lo*. Ela o tocou, vocês notarão, *sob muitas dificuldades*. Havia uma grande multidão. Ela era uma mulher. Ela também era uma mulher enfraquecida por uma doença que há muito drenava sua constituição, e a deixava mais apta a estar em uma cama do que a lutar no tumulto fervilhante.

No entanto, apesar disso, tão intenso era seu desejo, que ela seguiu o caminho dela, não duvido com muitos hematomas, e muitos empurrões grosseiros, e finalmente, pobre trêmula como ela era, chegou perto do Senhor. Amados e amadas, nem sempre é fácil chegar a Jesus. É muito fácil ajoelhar-se para orar, mas não tão fácil alcançar Cristo em oração. Há uma criança chorando, é a sua, e seu barulho muitas vezes atrapalhou você quando estava se esforçando para se aproximar de Jesus; ou batem à porta quando você mais deseja se recolher. Quando você está sentado na casa de Deus, seu vizinho de banco à sua frente pode inconscientemente distrair sua atenção. Não é fácil se aproximar de Cristo, especialmente vindo como alguns de vocês vêm direto do escritório de contabilidade e da oficina, com mil pensamentos e preocupações sobre vocês mesmos. Vocês nem sempre podem descarregar seu fardo lá fora, e entrar aqui com seus corações preparados para receber o evangelho.

Ah! é uma luta terrível às vezes, uma verdadeira luta corpo a corpo com o mal, com a tentação, e não sei o quê. Mas amados e amadas, lutem intensamente, lutem intensamente contra isso; não deixem que seus momentos de oração sejam desperdiçados, nem seus tempos de ouvir sejam jogados fora, mas como esta mulher, estejam decididos, com toda a sua fraqueza, que vocês se apegarão a Cristo. E oh! se vocês estiverem decididos sobre isso, se vocês não puderem chegar até Ele, Ele virá até vocês, e às vezes, quando vocês estiverem lutando contra pensamentos de incredulidade, Ele se voltará e dirá: "Abram espaço para aquela mulher pobre e fraca, para que ela venha a mim, pois meu desejo é a obra de minhas próprias mãos; que ela venha a mim, e que seu desejo lhe seja concedido".

Observem novamente que esta mulher tocou Jesus *de modo muito secreto*. Talvez haja uma querida irmã aqui que está se aproximando de Cristo neste exato momento, e ainda assim seu rosto não demonstra. É tão pouco contato que ela ganhou com Cristo que o rubor alegre e o brilho dos olhos, que frequentemente vemos no filho de Deus, ainda não chegaram até ela. Ela está sentada naquele canto obscuro, ou de pé neste corredor, mas embora seu toque seja secreto, é verdadeiro. Embora ela não possa contar a ninguém sobre isso, ainda assim é realizado. Ela tocou Jesus.

Amados e amadas, essa nem sempre é a comparticipação mais próxima com Cristo da qual mais falamos. Águas profundas são calmas. Não, não tenho certeza, mas às vezes chegamos mais perto de Cristo quando achamos que estamos mais distantes do que quando imaginamos que estamos perto dele; pois nem sempre somos os melhores juízes de nosso próprio estado espiritual, e podemos estar muito próximos do Mestre, e ainda assim, por tudo isso, podemos estar tão ansiosos para nos aproximar, que podemos nos sentir insatisfeitos com a medida da graça que já recebemos. Estar satisfeito consigo mesmo não é sinal da graça, mas ansiar por mais graça é amiúde uma evidência muito melhor do estado saudável da alma. Se você não for à mesa hoje à noite publicamente, venha ao Mestre em segredo. Se não ousa dizer à sua esposa, ou ao seu filho, ou ao seu pai, que você está confiando em Jesus, isso não precisa ser dito ainda. Você pode fazê-lo secretamente, como fez aquele a quem Jesus disse: "quando você estava debaixo da figueira, eu te vi" (João 1:48). Natanael retirou-se para a sombra para que ninguém pudesse vê-lo, mas Jesus o viu, e notou sua oração, e Ele verá você na multidão, e no escuro, e não reterá a bênção dele.

Esta mulher também entrou em contato com Cristo *sob um profundo senso de indignidade*. Ouso dizer que ela pensou: "Se eu tocar no grande Profeta, será um espanto se Ele não me atacar com algum julgamento repentino", pois ela era uma mulher cerimonialmente impura. Ela não tinha o direito de estar na multidão. Se a lei levítica tivesse sido rigorosamente cumprida, suponho que ela teria sido confinada em sua casa (Levítico 15:25); mas lá estava ela perambulando, e ela precisou ir e tocar o santo Salvador.

Ah, pobre coração! você sente que não é digno de tocar a borda da veste do Mestre, pois você é tão indigno. Você nunca se sentiu tão desmerecedor antes como neste momento. Ao lembrar da semana passada e suas fraquezas, lembrar do estado atual do seu coração e de todos os seus desvios de Deus, você sente como se nunca tivesse havido um pecador tão imprestável na casa de Deus antes. "A graça é para mim?", você pergunta. "Cristo é para mim?" Oh, sim, indigno! Não se afaste sem isso. Jesus Cristo não salva os dignos, mas os indignos (1Timóteo 1:15). Sua súplica não deve ser justiça, mas culpa.

E você também, filho de Deus, embora tenha vergonha de si mesmo, Jesus não tem vergonha de você, e embora você se sinta inadequado para vir, deixe sua inadequação apenas impeli-lo com um desejo mais ardente. Deixe seu senso de necessidade torná-lo mais fervoroso para se aproximar do Senhor, que pode suprir sua necessidade.

Assim, vocês veem, a mulher passou por dificuldades; ela veio secretamente, veio como uma indigna, mas ainda assim ela obteve a bênção! Eu conheci muitos que ficaram pasmos com aquele dizer de Paulo: "quem come e bebe indignamente, come e bebe juízo para si". Ora, entenda que esta passagem não se refere àquela indignidade daquelas pessoas que vêm à mesa do Senhor, pois não diz: "quem come e bebe *sendo indigno*". Não é um adjetivo, é um advérbio, "O que come e bebe indigna*mente*", isto é, aquele que chegará ao sinal externo e visível da presença de Cristo, e comerá do pão para obter dinheiro por ser um membro da igreja, sabendo que é um hipócrita, ou que o fará de brincadeira, desrespeitando a ordenança, tal pessoa estaria comendo e bebendo indignamente, e será condenada. O sentido da passagem não é "perdição", como nossa versão a lê, mas "condenação". Não pode haver dúvida de que os membros da igreja que vêm à mesa do Senhor de maneira indigna recebem condenação. Eles são condenados por fazer isso, e o Senhor fica triste. Se eles têm alguma consciência, eles devem sentir seu pecado, e se não, eles podem esperar que os castigos de Deus os visitem (1Coríntios 11:30).

Mas, ó pecador, quanto a vir a Cristo – que é algo muito diferente de vir à mesa do Senhor – quanto a vir a Cristo, quanto mais indigno você se sentir, melhor! Venha, imundo, pois Cristo pode lavar você. Venha, repugnante, pois Cristo pode embelezar você. Venha completamente arruinado e desfeito, pois em Jesus Cristo há a força e a salvação que seu caso requer.

Observem mais uma vez que *esta mulher tocou o Mestre muito trêmula, e foi apenas um toque apressado, mas ainda assim foi um sinal de fé*. Oh, amados e amadas, apeguem-se a Cristo! Sejam gratos se vocês chegarem perto dele por alguns minutos. "Fique comigo" deveria ser sua oração, mas oh! se Ele apenas lhes der um vislumbre dele mesmo, sejam gratos! Lembrem-se de que um toque curou a mulher. Ela não abraçou Cristo por uma hora seguida. Ela teve apenas um toque, e foi curada, e oh! que vocês tenham uma visão de Jesus agora, meus amados e amadas! Embora seja apenas um vislumbre, ainda assim alegrará e animará suas almas.

Talvez vocês estejam esperando por Cristo, desejando sua companhia, e enquanto vocês estão remoendo o assunto em suas mentes, vocês estejam se perguntando: "Ele algum dia brilhará sobre mim? Ele algum dia falará palavras amorosas para mim? Ele algum dia me deixará sentar a seus pés? Ele algum dia me permitirá inclinar minha cabeça em seu peito?". Venham e experimentem-no. Embora vocês devam tremer como uma folha de álamo[1], ainda assim venham. Às vezes, os que vêm mais trêmulos são os que melhor vêm, pois quando a criatura está mais rebaixada, então o Criador está mais exaltado, e quando, em nossa própria estima, somos

---

[1] O álamo ou choupo-tremedor (*Populus tremula*) é uma árvore comum nas regiões frias da Europa e Ásia. O formato de sua folha a faz tremer facilmente quando há uma brisa.

menos que nada e sem valor, então Cristo é mais belo e adorável aos nossos olhos. Uma das melhores maneiras de galgar ao céu é sobre nossas mãos e joelhos. De qualquer forma, não há medo de cair quando estamos nessa posição, pois:

"Cair não teme quem em terra jaz".²

Deixem sua humildade de coração, seu senso de total inutilidade, em vez de desqualificá-los, ser um meio doce para levá-los a receber mais de Cristo. Quanto mais vazio eu estiver, mais espaço haverá para meu Mestre. Quanto mais me faltar, mais Ele me dará. Quanto mais eu sentir minha doença, mais o adorarei e bendirei quando Ele me tornar sadio.

Entendam: a mulher realmente tocou Cristo, e então eu volto a isso: qualquer a fraqueza que houvesse no toque, foi um verdadeiro toque de fé. Ela alcançou o próprio Cristo. Ela não tocou Pedro: isso não serviria de nada a ela, assim como não serve de nada a vocês o pároco lhes dizer que vocês são regenerados quando sua vida logo prova que vocês não são. Ela não tocou João ou Tiago: isso não serviria a ela mais do que serve a vocês serem tocados pelas mãos de um bispo, e serem informados de que vocês estão confirmados na fé, quando vocês nem ao menos creem, e, portanto, não têm fé para serem confirmados nela³. Ela tocou o próprio Mestre, e eu imploro a vocês: não se contentem a menos que vocês possam fazer o mesmo. Estendam a mão da fé, e toquem Cristo. Descansem nele. Confiem em seu sacrifício expiatório, em seu amor que o leva a morrer, em seu poder ressuscitante, em sua súplica ascendente, e enquanto vocês descansam nele, o toque vital dele, por mais tênue que seja, certamente lhes dará a bênção que sua alma precisa.

Isso me leva à segunda parte do meu discurso, sobre a qual falarei apenas um pouco.

---

² *The Pilgrim's Progress part 2* [em português: *A Peregrina*], cap. 11, John Bunyan, 1678.
³ O rito de confirmação da fé na Igreja Católica Romana é chamado de Crisma.

II

A mulher na multidão tocou em Jesus, e tendo feito isso, ela recebeu poder dele.

A energia de cura fluiu imediatamente através do dedo da fé para a mulher. Em Cristo, há cura para todas as doenças espirituais. Há uma cura rápida, uma cura que não levará meses nem anos, mas que se completa em um segundo. Há em Cristo uma cura suficiente, embora suas doenças possam ser multiplicadas além de todos os limites. Há em Cristo um poder vitorioso para expulsar todo mal. Embora, como esta mulher, vocês deixem os médicos perplexos, e seu caso seja considerado desesperador além de tudo, ainda assim um toque de Cristo irá curá-los.

Que evangelho precioso e glorioso eu tenho para pregar aos pecadores! Se eles tocarem Jesus, não importa que o próprio Diabo estivesse neles, esse toque de fé expulsaria o Diabo deles. Embora vocês fossem como o homem em quem uma legião de demônios havia entrado, a palavra de Jesus lançaria todos eles no abismo, e vocês se sentariam aos pés dele, vestidos e em seu perfeito juízo (Lucas 8:26-39). Não há excesso ou extravagância de pecado que o poder de Jesus Cristo não possa vencer.

Se vocês conseguem crer, não importa o que vocês são, vocês serão salvos (Mateus 9:22). Se vocês conseguem crer, embora tenham estado deitados na tintura escarlate até a urdidura e trama do tecido do seu ser esteja impregnada com ela, ainda assim o precioso sangue de Jesus os tornará brancos como a neve. Embora vocês tenham se tornado escuros como o próprio inferno, e apenas dignos de serem lançados no abismo, ainda assim, se vocês confiam em Jesus, essa fé simples dará à sua alma a cura que os tornará dignos a pisarem as ruas do céu, e a ficarem diante da face do senhor que cura vocês, magnificando-o (Êxodo 15:26).

E agora, filho de Deus, quero que você aprenda a mesma lição. Provavelmente, quando você entrou aqui, disse: "Ai de mim! Sinto-me muito apático, minha espiritualidade está muito baixa, o lugar está quente, e não me sinto preparado para ouvir; o espírito está pronto, mas a carne está fraca (Mateus 26:41); não terei nenhuma alegria santa hoje!" Por que não? Ora, o toque de Jesus poderia fazer você viver se estivesse morto, e certamente despertará a vida que está em você, embora possa parecer que você está morrendo! Agora, lute muito para chegar a Jesus. Que o Espírito Eterno venha e ajude você, e que você ainda descubra que seus tempos apáticos e mortos podem em breve se tornar seus melhores tempos!

Oh, que bênção é que Deus tire o mendigo do monte de esterco! Ele não nos levanta quando já nos vê de pé, mas quando nos encontra deitados no monte de esterco; então Ele se deleita em nos levantar, e nos colocar entre príncipes. Ou antes de vocês estarem conscientes, sua alma pode se tornar como as carruagens de Aminadabe (Cântico dos cânticos 6:12). Das profundezas da indolência até as alturas da adoração extasiada, vocês podem subir em um único momento, se puderem tocar Cristo crucificado. Vejam-no ali, com feridas sangrando, com a cabeça coroada de espinhos, enquanto, em toda a majestade de seu sofrimento, Ele morre por vocês!

"Ai de mim!", você diz, "tenho mil dúvidas esta noite"; ah! mas suas dúvidas logo desaparecerão quando você se aproximar de Cristo. Aquele que sente o toque de Cristo nunca duvida, pelo menos, não enquanto o toque durar. Pois observem esta mulher: ela sentiu em seu corpo que tinha sido curada, e assim vocês também sentirão, se vocês apenas entrarem em contato com o Senhor. Não esperem por evidências, mas venham a Cristo para evidências. Se vocês não conseguem nem sonhar com uma coisa boa em si mesmos, venham a Jesus Cristo como vocês fizeram no começo. Venham a Ele como se vocês nunca tivessem vindo. Venham a Jesus como um pecador, e suas dúvidas fugirão.

"Sim!" diz outro, "mas meus pecados vêm à minha lembrança, meus pecados desde a conversão". Bem, então, volte para Jesus, quando a culpa retornar. A fonte ainda está aberta, e essa fonte não está aberta apenas para pecadores, mas para santos, pois o que diz a Escritura? "Haverá uma fonte aberta para a casa de Davi e para os moradores de Jerusalém" (Zacarias 13:1) – isto é, para vocês, membros da igreja, para vocês, que creem em Jesus. A fonte ainda está aberta. Venham, amados e amadas, venham a Jesus novamente, e quaisquer que sejam seus pecados, dúvidas ou indolência, todos eles partirão assim que vocês puderem tocar seu Senhor.

III

E agora o último ponto é – e não vou detê-los muito nele: se alguém tocar em Jesus, o Senhor o saberá.

Não sei seus nomes, muitos de vocês são completos desconhecidos para mim. Mas não importa, seu nome é "alguém", e Cristo o conhecerá. Talvez você seja um total desconhecido para todos neste lugar, mas se você receber uma bênção, haverá dois que saberão disso: você e Cristo. Oh! se você olhar para Jesus neste dia, isso pode não ficar anotado em nosso livro de registros da igreja, e podemos não ouvir falar disso, mas ainda assim ficará anotado nas cortes celestiais, e eles farão todos os sinos da Nova Jerusalém soarem, e todas as harpas dos anjos tomarão um novo fôlego de música assim que souberem que você nasceu de novo.

> Com alegria o Pai aprova
> O fruto de seu eterno amor;
> O Filho de cima com alegria olha
> O que sua agonia comprou.
>
> O Espírito goza em contemplar
> A alma santa que Ele formou;
> E santos e anjos unidos cantam
> O crescente império de seu Redentor".[4]

---

[4] *Who can describe the joys that rise* [Quem pode descrever o júbilo que se ergue], Isaac Watts, 1707.

"Alguém!" Não sei o nome da mulher, não sei quem o homem é, mas – "Alguém!" – o amor eletivo de Deus repousa sobre você, o sangue redentor de Cristo foi derramado por você, o Espírito operou uma obra eficaz em você, ou então você não teria tocado Jesus, e tudo isso Jesus sabe.

É um pensamento consolador que Cristo não apenas conhece os filhos notáveis na família, mas também conhece os pequenos. Esta verdade permanece firme: "O Senhor conhece os que lhe pertencem" (2Timóteo 2:19), quer eles sejam trazidos a conhecê-lo agora, quer o conheçam há cinquenta anos. "O Senhor conhece os que lhe pertencem", e se eu sou parte do corpo de Cristo, posso ser apenas o pé, mas o Senhor conhece o pé, e a cabeça e o coração no céu sentem intensamente quando o pé na terra é machucado.

Se você tocou Jesus, eu lhe digo que em meio às glórias dos anjos e aos aleluias eternos de todas as almas compradas com o sangue ao redor de seu trono, Ele encontrou tempo para ouvir seu suspiro, para receber sua fé e para lhe dar uma resposta de paz. Por todo o caminho do céu à terra correu uma poderosa corrente de poder curador, que veio de Cristo para você. Desde que você o tocou, o poder curador tocou você.

Agora, *como Jesus sabe da sua salvação, Ele deseja que outras pessoas saibam dela*, e é por isso que Ele colocou em meu coração para dizer: "Alguém tocou o Senhor". Onde está esse alguém? Alguém, onde você está? Alguém, onde você está? Você tocou Cristo, embora com um dedo fraco, e você está salvo. Deixe-nos saber disso. Nós merecemos que nos conte. Você não pode imaginar a alegria que nos dá quando ouvimos sobre doentes sendo curados por nosso Mestre.

Alguns de vocês, talvez, conheçam o Senhor há meses, e ainda não se apresentaram para fazer uma confissão disso; nós imploramos que a façam. Vocês podem se apresentar tremendo, como esta mulher fez; talvez digam: "Não sei o que devo lhes dizer". Bem, vocês devem nos contar o que ela disse ao Senhor: ela lhe contou toda a verdade. Não queremos ouvir mais nada. Não desejamos nenhuma experiência falsa. Não queremos que vocês fabriquem sentimentos como os de outra pessoa que você leu em um livro.

Venham e nos digam o que sentiram. Não pediremos que nos digam o que não sentiram ou o que não conhecem. Mas se vocês tocaram Cristo e foram curados, eu peço, e acho que posso pedir como sendo seu dever, bem como um favor para nós, que venham e nos contem o que o Senhor fez por sua alma.

E vocês que creem, quando vierem à mesa do Senhor, se vocês se aproximarem de Cristo e tiverem um tempo doce, contem isso aos seus irmãos. Assim como quando os irmãos de Benjamim desceram ao Egito para comprar cereais, eles deixaram Benjamim em casa, mas levaram um saco para Benjamim (Gênesis 42–46), assim vocês deve sempre levar uma palavra para casa para a esposa doente em casa, ou para a criança que não pode sair. Levem comida para casa para aqueles da família que não podem vir buscá-la.

Deus conceda que vocês sempre tenham algo doce para contar sobre o que vocês conheceram experimentalmente da verdade preciosa, pois enquanto o sermão pode ter sido doce em si mesmo, vem com um poder duplo quando vocês podem acrescentar: "E havia um sabor nele que eu gostei, e que fez meu coração saltar de alegria"!

Quem quer que você seja, meu caro amigo, embora você possa não ser nada além de um pobre "alguém", ainda assim, se você tocou Cristo, conte aos outros sobre isso, para que eles possam vir e tocá-lo também; e o Senhor abençoe vocês, pelo amor de Cristo! Amém!

SERMÃO PUBLICADO EM 1908.

8

O TESTEMUNHO DA CEIA DO SENHOR

Porque, todas as vezes que comerem este pão e beberem o cálice, vocês anunciam a morte do Senhor, até que ele venha.
1Coríntios 11:26

O CENTRO da nossa santa religião é a cruz. O pensamento central de todo o cristianismo é Cristo, e o grande ponto na história de Cristo é sua crucificação. Pregamos Cristo, mas mais – pregamos Ele crucificado (1Coríntios 1:23). Amados e amadas, isso, que é a pedra angular ou todo o arco da nossa religião, deveria estar mais de modo mais constante em nossa mente do que está. Deveria ocupar com mais frequência nossas meditações. Deveria tomar conta de nossas línguas de forma mais incessante – deveríamos cantar sobre isso com mais frequência. Deveríamos orar de forma mais reservada por isso, e deveríamos viver mais sob o controle dos impulsos que isso sugere. Que cada um de nós se glorie na cruz de Cristo e, como o apóstolo Paulo, diga: "Longe de mim gloriar-me, senão na cruz de nosso Senhor Jesus Cristo" (Gálatas 6:14).

Para mantermos presente em nossas mentes o que – infelizmente! – esquecemos tão facilmente: a morte de nosso bendito Senhor – Ele se agradou de instituir a ceia que estamos prestes a celebrar. Sob aquele belo pano de linho branco, temos símbolos memoriais de sua paixão, cheios de ensinamentos para aqueles que os veem de forma correta. Se alguém neste lugar perguntar: "O que vocês querem dizer com esta cerimônia?", nossa pronta resposta será de acordo com o que está escrito: "Porque, todas as vezes que comerem este pão e beberem o cálice, vocês anunciam a morte do Senhor, até que Ele venha".

Comemos pão e bebemos vinho não por qualquer superstição tola de que estes podem ser transmutados na própria carne e sangue de Jesus Cristo[1] – uma superstição que seria uma ignomínia para um bosquímano[2] – uma superstição que *é* uma ignomínia para aqueles que a mantêm nesta terra esclarecida, e não apenas uma ignomínia, mas um enorme pecado – uma ilusão negra que lhes é dada para que creiam em uma mentira – por meio da qual se envolvem na condenação da perdição. Não temos tal loucura.

Porque somos racionais, e porque somos espirituais, tanto nossa razão quanto nossa natureza espiritual se revoltam contra qualquer coisa tão atroz como crer que o corpo de Cristo – a carne e o sangue de verdade – pode ser comido e bebido, ou que, se pudesse ser feito, deveria ser feito, ou que poderia conferir qualquer benefício espiritual àqueles que poderiam realizar um ato tão canibal e revoltante.

Cremos na presença real, mas não na presença corpórea. Cremos que Jesus Cristo vem espiritualmente a nós e nos revigora, e nesse sentido nós comemos sua carne e bebemos seu sangue; mas quanto a qualquer

---

[1] Spurgeon critica aqui a doutrina católica relacionada à Eucaristia – a transubstanciação: o pão e o vinho, depois de consagrados, se transformam nos verdadeiros corpo e sangue de Jesus Cristo.
[2] Uma das 14 etnias indígenas negras da África Austral, consideradas como os descendentes diretos dos primeiros povos humanos dos quais descendem todos os outros povos do mundo. Mais modernamente chamados de San.

banquete literal em que alguns creem, rejeitamos o pensamento com horror e desprezo.

O grande significado da "Ceia do Senhor", como a chamamos, é que mostramos a morte do Senhor até que Ele venha. Nós a mostramos a nós mesmos, e a mostramos, ou a representamos, a outros – a incrédulos que *por acaso possam vislumbrá-la*. O primeiro deles é, talvez, o mais importante. Ao vir comer do pão e beber do vinho nesta ceia:

I

Mostramos a morte do Senhor a nós mesmos.

Não, de fato, que esta seja a maneira exclusiva de exibir a paixão que nosso querido Salvador suportou, ou a morte que Ele realizou, pois há, é preciso admitir, outros métodos de mostrar a morte do Senhor.

Um é por este Livro, este volume inspirado, que contém o registro de sua crucificação – que a explica – que compele as pessoas o dever de depositar sua confiança no mérito daquele que morreu. Onde quer que esta Bíblia seja aberta, há uma exposição da morte de Cristo. Ora, o Livro inteiro está repleto dela. Há uma linha carmesim de sacrifício expiatório que vai de Gênesis a Apocalipse.

> Aqui contemplo o rosto do meu Salvador
> Em quase todas essas páginas de amor.[3]

Cada livro distinto de inspiração é como um espelho refletindo a imagem de Jesus – "como num espelho, de forma obscura" (1Coríntios 13:12), é verdade, mas ainda suficientemente claro mesmo para

---

[3] *Laden of Guilt, and Full of Fears* [Oprimido pela culpa e cheio de temor], Isaac Watts, 1707.

estes nossos olhos turvos. Todas as Escrituras são as faixas de panos que enrolaram o menino Cristo Jesus (Lucas 2:7), como disse Agostinho no passado: se você quiser ver Jesus, deve procurá-lo nas Sagradas Escrituras, e pela luz do Espírito Santo, você não procurará muito até encontrá-lo.

A morte do Senhor Jesus Cristo também é mostrada *no ministério público*. Há alguns que gostam tanto de vitrais com imagens coloridas, pois dizem que eles pregam pelas imagens. Irmãos e irmãs, nós criamos imagens pregando, essa é a única diferença; e criar imagens pregando é uma coisa infinitamente melhor do que pregar pelas imagens. Todos os métodos que são adotados para mostrar a morte de Cristo por todo o mundo são pura vaidade se comparados com o ministério do evangelho.

Não é possível para o pregador exaltar muito seu ofício. É o canal de graça predestinado por Deus para os seres humanos. "A fé vem pelo ouvir, e o ouvir, pela palavra de Deus" (Romanos 10:17) – e enquanto falamos, Deus nos ajudando, Cristo é apresentado claramente como crucificado, entre vocês. Quantos neste lugar viram Jesus pelo que ouviram falar dele? Os olhos da mente o viram. De pouco adiantaria para os olhos físicos fazê-lo. Milhares viram Cristo com seus olhos naturais e pereceram em seus pecados. Mas vê-lo com os olhos do espírito – é isso que salva. A pregação do evangelho cria a imagem de Cristo aos olhos da mente, não aos olhos naturais; então é a melhor maneira de retratá-lo, pois corresponde exatamente à visão que pretende estampar.

Ainda assim, além de mostrarmos a morte de Cristo na Palavra impressa e na Palavra pregada, vem esta ceia emblemática, na qual mostramos a morte de Cristo de uma maneira que tentarei explicar. Mostramos a nós mesmos, ao chegarmos aqui, *que Cristo estava* realmente encarnado e, portanto, poderia morrer.

Minha alma, ao pegar esse pão em seus dedos, lembre-se de que é algo para ser manuseado e tocado – uma substância material. E assim, Deus, o infinito, tomou em união consigo carne e sangue verdadeiros, como você tem em seu próprio corpo. Uma coisa notável que um Espírito puro devesse concordar em habitar em carne – e ainda assim, é o que está escrito: "o Verbo se fez carne e habitou entre nós, cheio de graça e de verdade, e vimos a sua glória, glória como do unigênito do Pai" (João 1:14).

Oh, que mistério incomparável! Aquele que enche todas as coisas (Efésios 1:23) tornou-se uma criança de um palmo de comprimento. Aquele que é eterno e onipotente tornou-se um humilde trabalhador, vestindo a túnica sem costura (João 19:23), sofrendo, trabalhando arduamente e, por fim, entregando sua vida. À medida que cada gota de vinho passar pelos seus lábios, e você o reconhecer como uma substância material, você mostra a si mesmo, ó cristão, que Jesus Cristo se encarnou. Pense nisso.

Tomem cuidado para não criarem um Deus a partir da humanidade, nem um ser humano a partir da Divindade. Fiquem certos de que tão indubitavelmente quanto Cristo era Deus, sem diminuição de seu esplendor, certamente Ele também era um ser humano, um ser humano puro com uma condição humana como a de vocês, assim como Ele mesmo disse: "Toquem em mim e vejam, porque um espírito não tem carne nem ossos, como vocês estão vendo que eu tenho" (Lucas 24:39). Vejam, então, irmãos e irmãs, o membro de sua família mais próximo – um sofredor como vocês (Hebreus 2:11-12, 14) – e deixem que o pão e o vinho os lembrem dele.

A seguir, a ceia *lembra vocês os sofrimentos do seu Senhor*. Ali está o pão partido. O vinho, o suco da uva, esmagado com dor e trabalho – derramado. Agora, lembrem-se de que Jesus Cristo, embora nenhum osso dele pudesse ser quebrado (João 19:36), foi quebrantado em espírito: "A vergonha quebrou o meu coração, e estou oprimido" (Salmos 69:20) – Ele derramou sua alma até a morte.

Deixem que o pão e o vinho os lembrem do suor de sangue no jardim – da angústia até a morte que Ele suportou no escuro Getsêmani, entre as oliveiras (Lucas 22:44). Deixem que eles tragam à sua lembrança, amados e amadas no Senhor, a flagelação nas mãos de Pilatos e de Herodes (João 19:1; Lucas 23:7, 11). Imaginem vê-lo ali, pacientemente, dando as costas aos que o feriam, e as bochechas aos que arrancavam os pelos de sua barba e cabelo, não escondendo o rosto da vergonha e dos cuspes.

Aquele pão partido, e aquele vinho derramado devem lembrá-los da jornada pela *Via Dolorosa*[4], enquanto Ele desmaiava sob o peso de sua cruz. Eles devem lembrá-los da cruz e dos pregos, da tristeza de ser abandonado, da angústia da sede, da amargura do desprezo, do tormento da febre e, por fim, da própria morte.

Não digo que talvez vocês consigam fazer toda a cena passar diante de sua mente, mas peço que tentem fazê-lo. Expulsem qualquer outro pensamento, assim como Cristo expulsou os compradores e vendedores do templo (Mateus 21:12). Determinem sua alma a ficar com sua virgem Mãe aos pés da cruz (João 19:25), e orem para que o sangue dele caia sobre vocês, gota a gota, para que vocês fiquem tão encantados com o que veem, ao mesmo tempo tão terrível, mas ainda assim tão cheio de bem-aventurança, que vocês não ousem nem por um momento deixar um pensamento errante entrar. Nisso e somente nisso pensem. Pensem em Jesus encarnado, e em Jesus sofrendo.

Mas o pão e o vinho mostram mais do que isso. O que eu vejo? Pão, a carne. Vinho, a vida, o sangue. Carne e sangue, então, quando separados, estão ambos mortos, de modo que o cálice e o pão juntos significam distintamente a morte verdadeira de nosso Senhor. Não existe uma Ceia do Senhor com o pão sozinho, nem com o cálice sozinho, nem com o pão e o vinho misturados. Ambos devem ser distintos. Sem derramamento de sangue não há remissão de pecados (Hebreus 9:22), e até que o sangue

---

[4] Nome tradicional antigo em latim dado ao percurso que Jesus teria feito em Jerusalém da Fortaleza Antônia até o local da crucificação.

tenha sido derramado, a carne ainda sobrevive e retém sua vida. Mas coloquem os dois distintamente, e vocês terão a ideia da morte tão claramente quanto se pode.

Agora, amados e amadas, quero que vocês cheguem perto desta verdade: que o Senhor da Glória realmente morreu. Para nosso Salvador não houve passagem para o céu por uma carruagem de fogo (2Reis 2:11)[5]. Não é dito sobre Ele, como sobre Enoque, que "não estava mais, porque Deus o tomou" (Gênesis 5:24), mas Ele deve morrer.

Vocês temem a morte. Vocês a aguardam com frequência com apreensão. Mas Cristo passou completamente por ela, e a alma humana e o corpo humano de nosso Salvador foram separados um do outro. Ele realmente desceu às moradas dos mortos (1Pedro 4:6)[6]. Ele curvou sua cabeça ao grande inimigo e entregou o espírito (Mateus 27:50). Se Ele não tivesse morrido assim, não haveria resgate pago por vocês, pois a lei de Deus exigia uma vida. A sentença foi: "A alma que peca, essa morrerá" (Ezequiel 18:20). Cristo realmente morreu – e que esta Ceia torne claro o pensamento mais doce para vocês de que Jesus morreu.

Ainda não mostramos a morte de Cristo totalmente para nós mesmos. *A distribuição deste pão e vinho nesta mesa é uma demonstração para nós mesmos de que Deus fez uma provisão para as necessidades humanas.* Alguém faminto que vem a esta mesa pensa imediatamente em comer e beber. Ele percebe que se está posto ali, está posto ali para uso. Pão e vinho no armário podem ser armazenados, mas pão e vinho na mesa são evidentemente para uso.

---

[5] Essa passagem diz que Elias foi levado ao céu em um redemoinho (veja 2Reis 2:1), mas, como é feita a menção de uma carruagem de fogo (que apenas separou Elias de Eliseu), todos erradamente pregam que Elias subiu na carruagem.

[6] Essa passagem diz apenas que "o evangelho foi pregado também aos mortos", sem dizer como ou quando isso foi feito, ou quem o fez. O entendimento mais comum é que foi o próprio Jesus quem o fez entre sua morte e ressurreição. Assim, Ele teria que ter estado no local onde os espíritos/almas dos mortos estariam.

Agora, filho de Deus, pegue esse pensamento e segure-o: Jesus veio ao mundo, não para reter, mas para dar. Não para conservar, mas para distribuir. Não para guardar para si qualquer coisa boa, mas para conceder tudo o que Ele tem ao seu povo. Venha, então, com todas as suas grandes necessidades – venha ao Salvador, pois Ele se apresenta livremente a todos os que creem.

Grande Pecador, você quer um grande perdão? Jesus o dará a você. Ele coloca o cálice na mesa. Você quer, cristão, grande conforto? Venha e pegue – ele está colocado na mesa. Jesus mantém as portas abertas a todos os que vêm pela fé a Ele. Você tem fé para vir e confiar nele? Então tudo o que Jesus é e tem, você pode ser e ter.

Principalmente vocês que são amigos dele, vocês que se reclinaram em seu peito (João 13:23) – não limitem seus sentimentos a Ele, pois Ele não limita os dele a vocês. Vocês não estão restritos nele – se vocês estão restritos, é em vocês mesmos. Jesus mesmo coloca a mesa para nós, e sendo colocada lá, é tão boa quanto um convite aberto por uma voz alta, dizendo: "Ó, vocês famintos, venham e comam! Ó, vocês sedentos, venham e bebam!" Não há nada em Cristo que Ele negará ao seu povo. Cristo não tem nada no céu ou na terra que Ele reterá daqueles que creem, que ousam vir e pedir (Salmos 84:11). Venham, então. Oh, venham com ousadia! O Senhor lhes dá acesso a esta graça.

E não mostramos a morte do Senhor um pouco mais quando, *depois de termos colocado a ceia, vimos para comê-la*? Então dizemos a nós mesmos: "Assim como devo comer este pão, ou ele não me nutrirá, assim devo tomar Jesus Cristo pessoalmente, por um distinto ato de fé, e tomá-lo para ser meu. E como este pão, depois que o tomei, incorpora-se a mim, de modo que não há distinção entre este pão e meu corpo, mas ajuda a construir a estrutura do meu corpo. Então, quando tomo Cristo e confio nele, Ele se torna um comigo, e eu me torno um com Ele, e minha vida está escondida com ele (Colossenses 3:3). E Ele diz que porque Ele vive, eu também viverei" (João 14:19).

Ora, não é uma lição maravilhosa para ensinar através de uma ação tão simples? Vocês comem, bebem, e a comida se assimila a vocês. Vocês vêm a Jesus, confiam nele, e Ele se torna um com vocês, e vocês se tornam um com Ele, de modo que daqui em diante vocês podem dizer: "Já não sou eu quem vive, mas Cristo vive em mim" (Gálatas 2:20), e quanto a Jesus, Ele os chama de membros de seu corpo (Efésios 5:30), de ramos de seu tronco (João 15:5), de noiva, e Ele mesmo de seu noivo (Apocalipse 19:7). Oh, união sagrada, efetuada pelo ato de recepção que é o ato da fé!

E agora, amado ou amada que crê, como você primeiro viveu recebendo a graça, você só pode crescer nessa vida ainda recebendo-a. Não venha a esta mesa e diga: "O que posso trazer?" Não, mas venha e diga: "O que posso levar?" Não diga: "Eu sou digno?" Essa pergunta nunca deveria ser feita. Você não é digno. Mas venha, indigno como você é, e tome o que Jesus providenciou para pecadores indignos.

"Bem", diz alguém, "mas devemos tomar cuidado para não comer e beber, sendo indignos". Não, você não é. Não existe tal texto em toda a Bíblia. Veja, você deixou de fora duas sílabas. O que se diz é sobre comer e beber indigna*mente* – e isso é com relação à maneira de comer. Se você vier a esta mesa imprudentemente – se você vier a ela impiamente, profanamente – se você vier como eles fizeram em Corinto, apenas para beber (1Coríntios 11:21); se você vier para ganhar dinheiro com isso, como alguns fizeram em épocas passadas, para se qualificar para o cargo ou para obter auxílio – isso seria comer e beber indignamente. Mas indigno como você é, se sua

> Esperança segura está em nada além
> Do sangue e justiça de Jesus[7],

então venha aqui; para tais como você a mesa está posta.

---

[7] *My Hope is Built on Nothing Less* [Minha esperança em nada menos firmada está], Edward Mote, 1834.

E quando vocês vierem, eu lhes peço mais uma vez: *não deixem que a descrença os impeça de aproveitar de tudo o que há para ser aproveitado*. Vocês sabem que alguém muito faminto não se preocupa muito com formalidades. Se lhe disserem para comer tudo o que for posto diante dele, então sua fome não lhe permitirá se preocupar com finezas, mas ele come tudo o que puder. E vocês também podem.

Sim, e vocês podem levar o que quiserem, também, com vocês. Vocês podem vir e ter um banquete hoje à noite, e a doce lembrança disso nos dias que virão lhes será permitida. Creiam que Cristo não lhes recusa nada. Quando vocês orarem, não peçam como se estivessem recebendo algo de um ser de coração duro, mas venham a alguém cujo prazer é dar – cuja própria glória é espalhar suas misericórdias entre seus amados e amadas.

> Venham, façam suas necessidades e fardos conhecidos;
> Pois Ele no trono os irá apresentar;
> E legiões de anjos esperam ali,
> Para a mensagem de amor dele levar.[8]

Desse modo, vejam – no pão e no vinho, no pão e no vinho separados, no pão partido e no vinho derramado, nos dois emblemas colocados sobre uma mesa, e nestes dois sendo assim recebidos, os quais se tornam unidos à estrutura do nosso corpo – nós expomos todo o mistério da morte de Jesus Cristo a nós mesmos. Que o Espírito de Deus nos ajude a fazer isso verdadeiramente.

Prestem atenção agora no próximo ponto.

---

[8] *The Lord is King!* [O Senhor é o Rei], Josiah Conder, 1824.

II

Devemos mostrar a morte de Cristo aos outros.
Sempre que comemos este pão e bebemos deste cálice, fazemos isso. *Mostramos aos outros o fato de que Jesus morreu.* Acho que os historiadores tomam como uma das melhores provas de um fato ter acontecido quando algum rito é instituído para comemorá-lo.

Uma coluna com uma inscrição nem sempre é um indicador certo da verdade. Nosso próprio Monumento[9], por exemplo, tinha um registro de que Londres foi incendiada pelos católicos[10] – que certamente tiveram tanto a ver com isso quanto os muçulmanos. A inscrição naquele caso não era um registro factual. Sim, e uma coluna pode ser erguida para registrar um evento que nunca ocorreu.

Mas, como regra geral, grandes grupos humanos não concordam em celebrar continuamente eventos que nunca ocorreram. Ninguém duvida, suponho, do Cerco de Londonderry[11], quando os Jovens Aprendizes se reúnem todos os anos para comemorar com barulho e alvoroço. Eles pelo menos trazem à mente do historiador a certeza de que tal evento ocorreu, pois ainda é assim registrado.

Agora, nosso Senhor nos deu este método simples de partir o pão e beber vinho para ser nossa maneira de estabelecer nossa coluna – nosso

---

[9] O Monumento ao Grande Incêndio de Londres é uma coluna de pedra em estilo dórico com 61,5 metros de altura erguida em 1677 perto do local onde começou o incêndio. O incêndio acidental queimou uma enorme parte da cidade medieval antiga de Londres por 4 dias em 1666.

[10] Uma inscrição tinha sido adicionada ao monumento em 1681 culpando os católicos pelo incêndio, baseando-se em uma teoria da conspiração da época, que afirmava que o Papa estaria planejando assassinar o rei Carlos II. A inscrição foi removida em 1830.

[11] O Cerco de Londonderry, ocorrido entre 1688 e 1689, foi um sangrento conflito na Irlanda, no qual os protestantes da cidade resistiram bravamente às forças católicas que procuravam retornar ao poder. Os chamados Jovens Aprendizes (13 rapazes) fecharam os portões da cidade contra a invasão, demonstrando heroísmo.

modo de manter um grande fato histórico – de que havia um homem que viveu na Judeia, que declarou ser o Filho de Deus, que foi o Rei dos Judeus, que viveu uma vida humilde e teve uma morte magnífica. Não há fato na história tão bem atestado quanto esse. De modo que, aqueles que abandonaram a crença na inspiração das Escrituras, raramente tocaram na vida ou na morte de Jesus, mas admitiram que ambas são fatos.

E agora, nesta mesma noite, talvez em cinquenta mil lugares, neste momento, este ato comemorativo de comer pão e beber vinho está prestes a ser realizado neste país. Ora, isso é algo que serve como um registro, e por este ato ajudamos a perpetuar para todas as gerações o fato de que Jesus morreu.

Mas fazemos muito mais do que isso para os outros. Afirmamos, ao vir aqui esta noite e comer este pão e beber deste cálice, *que cremos que este homem, Jesus de Nazaré, era o Filho de Deus e o Salvador da humanidade, e que o acompanhamos em tudo o que está envolvido na história de sua vida e morte.* Ou seja, se é uma vergonha para Cristo morrer na cruz, estamos dispostos a suportar parte da vergonha. Se for considerado tolice crer em alguém crucificado, somos tolos e viemos aqui para confessar isso. Se for considerado uma pedra de tropeço para muitos que Jesus de Nazaré seja o Filho de Deus, viemos declarar que não é uma pedra de tropeço para nós. Nós o aceitamos como divino. Nós confiamos nele como a propiciação pelos nossos pecados.

Amados e amadas, quando vocês tomarem este pão, vocês tomam parte com Cristo. Vocês tomam a sorte dele, e observem que Ele sobe o lado desolado da colina frequentemente – e vocês terão que fazer o mesmo, com a neve em suas bocas. E Ele frequentemente se aloja em cabanas e casebres – sim, Ele não tem onde reclinar a cabeça (Mateus 8:20). Ele tem punhados da imundície do mundo jogados nele, e apenas pouco de seu ouro colocado a seus pés. Ele é desprezado e rejeitado por todos – e se vocês lhe fizerem companhia, vocês devem esperar ser desprezados também, e serem tão maltratados quanto Ele foi, pois o servo não está acima de seu Mestre, nem o discípulo acima de seu Senhor (Mateus 10:24).

Quem quer que siga a Davi deve ir até ele nas trilhas de cabras selvagens de En-Gedi (1Samuel 24:1), ou morar com ele na caverna de Adulão (1Samuel 22:1). Aquele que deseja ser um correligionário de Davi deve compartilhar as necessidades de Davi e a desgraça de Davi, ou então ele não pode compartilhar sua coroa. Vocês que creem, já calcularam esse preço? Vocês que professam a fé cristã e que vêm a esta mesa, e dizem aos espectadores: "Nós vamos com Cristo. Estamos alistados sob sua bandeira. Nós nos entregamos a Ele" – já calculamos o preço?

> Já calcularam o preço? Já calcularam o preço,
> ó seguidores da cruz?
> estão preparados, por amor ao seu Mestre,
> para sofrer todas as perdas terrenas?[12]
>
> E podem vocês perseverar com a multidão virginal,
> os que são humildes e puros de coração,
> aonde quer que o Cordeiro os guiar,
> e nunca de suas pegadas se afastar?[13]

Oh! que, calculando assim o preço, vocês possam continuar com Ele até que a jornada da vida termine. Assim, vejam, vocês não apenas afirmam que Cristo morreu, mas vocês que tomam a ceia afirmam que Ele morreu por vocês, e que vocês são um com Ele, e compartilharão das coisas dele quando Ele vier em seu reino.

---

[12] *Have you counted the Cost?* [Já cacularam o preço?], Jane E. Lesson, 1866.
[13] *And Can it Be?* [Será que?], Charles Wesley, 1738.

Vocês fazem ainda mais do que isso. Vocês explicam o significado da morte de Cristo pelo simples fato de virem a esta mesa. "Como isso acontece?", vocês dizem. Ao comer o pão e beber o vinho, vocês apresentam um sacrifício – uma libação de sangue, e um abate de carne – e diz ao mundo inteiro: "Nossa confiança na salvação repousa em um sacrifício. Não temos nenhuma esperança de sermos salvos por qualquer coisa que brote de nós mesmos – olhamos totalmente para fora de nós mesmos, e inteiramente para o sacrifício que foi oferecido na cruz".

Enquanto alguns de vocês se sentam à mesa, outros serão espectadores. Eu lhes suplico, enquanto olham, se nunca conheceram esta verdade antes, aprendam-na agora. Toda a sua esperança de entrar no céu deve estar completamente fora de vocês e concentrada em outro – no único e querido Filho de Deus. Enquanto estou afirmando este fato, que é tão bem conhecido por vocês que parece lugar-comum, sinto como se pudesse explodir em uma torrente de lágrimas, ao pensar que deveria se tornar tão comum e, ainda assim, não ser crido.

Deus se torna um ser humano e morre, e vocês não confiarão nele? Meu Deus, que fez os céus e a terra, de quem li que sem ele, nada do que foi feito se fez (João 1:3) – Ele se torna um ser humano e sofre para que os pecadores possam viver? E não é nada para vocês, não é nada para vocês, e vocês preferirão os prazeres espalhafatosos deste mundo à bem-aventurança sólida que Ele pode lhes dar?

E vocês se lançarão sobre as pontas dos broquéis do Senhor, e correrão sobre sua lança brilhante, e se arruinarão para sempre, em vez de se aproximarem de Cristo, e beijarem o Filho para que Ele não se ire (Salmos 2:12)? Eu posso entender porque vocês não amam meu Senhor, pois uma vez eu mesmo fui tão tolo, mas oh! é estúpido – é pior do que isso, é diabólico desprezar um Cristo que morre.

Não sei se não difamei o Diabo ao usar seu nome em tal assunto como esse, pois certamente, se Jesus tivesse morrido pelos demônios, eles não teriam sido demônios como aqueles que, ouvindo sobre um Salvador e crendo na história de sua paixão, ainda assim se fazem de surdos a isso e entregam sua alma a Madame Libertina[14], ou ao vil Mamom[15], ou a alguma outra coisa carnal que apenas os iludirá e destruirá.

Há alguns de vocês que nunca mais verei. Eu os conjuro diante do Deus Eterno, quando nos encontrarmos em seu último tribunal, pensem nisso: se vale a pena para Deus vir aqui, e encarnar, e assim sofrer, para fazer expiação, não é algo com que vocês devam brincar. Ou se o fizerem, descobrirão que a pedra que recusaram moerá vocês até virarem pó naquele dia quando, como um penhasco que se solta de seu encaixe; tremendo ali por muito tempo, ela virá rolando sobre o viajante desatento para esmagá-lo, e destruí-lo completamente.

Deus salve você, meu caro ouvinte, desconhecido para mim, e desconhecido para si mesmo, e desconhecido para meu Deus. E embora você possa permanecer um desconhecido para mim, ainda assim você pode começar a conhecer algo de si mesmo esta noite, e algo do meu Mestre, de quem direi esta única coisa: se você apenas o conhecesse, você o amaria.

> Se todas as nações soubessem dele o valor,
> Com certeza o mundo inteiro por Ele teria amor.[16]

---

[14] Uma personagem no livro *O Peregrino*, de John Bunyan. No livro, ela aparece no relato de Fiel quando ele compartilha com Cristão as dificuldades que enfrentou em sua jornada. Libertina tenta seduzir Fiel com promessas de prazer e deleites mundanos, mas ele resiste, mostrando sua determinação em seguir o caminho rumo à Cidade Celestial.

[15] Palavra que se encontra no Novo Testamento (Mateus 6:24 e Lucas 16:9,11,13) e significa "riqueza" ou "dinheiro". Também é usada como a personificação dessas ideias, sendo "a Riqueza", "o Dinheiro".

[16] *The Wondering World Inquires to Know* [O mundo admirado indaga saber], Isaac Watts, 1707.

Assim, então, mostramos o fato de nossa participação na morte de Cristo e o significado dela.

A voz das eras e de gerações após gerações não fala com vocês agora na constância e frequência desta celebração? E vocês não percebem que avançamos para a fronteira que realizará a esperança da igreja? "Nós realmente mostramos a morte do Senhor até que Ele venha".

Então Ele está vindo. Ele está vindo. Não sei quando, não, nem sei o anjo de Deus que está mais próximo do Livro Eterno quando Deus abre suas páginas. Mas Ele está vindo. Como quando o terremoto vem, com diversos sinais e prodígios que fazem as pessoas se assustarem, e ainda assim elas não sabem o que é, Ele vem. Como o relâmpago que é visto de leste a oeste (Mateus 24:27), Ele vem. Como o ladrão que furta silenciosamente através das sombras da noite e rouba o que dorme (Mateus 24:42-44), assim Ele vem.

O homem que usava a coroa de espinhos (Mateus 27:29) está vindo, com uma coroa sobre sua testa mais gloriosa do que todas as coroas da terra. Ele está vindo. O filho de Maria está vindo, para não mais usar a túnica sem costura (João 19:23-24), mas envolto

> Com coroa de arco-íris e mantos de tempestade.

Ele está vindo. O homem que foi pendurado em uma cruz se sentará no grande trono branco (Apocalipse 20:11).

> Nas asas de querubim e nas asas do vento,
> De toda a humanidade, o Juiz designado.[17]

---

[17] *The Lord Shall Come!* [O Senhor virá!], Reginald Heber, 1811.

E vocês disseram esta noite – vocês disseram, e eu os ouvi – que vocês o crucificaram, e disseram que suas foram as mãos que pregaram os pregos, e fizeram o martelo bater. Vocês cantaram agora mesmo:

Fui eu quem foi ingrato assim.[18]

Agora vocês confessaram. Vocês, que confiaram nele, confessaram e, ainda assim, agradeceram a Deus que de uma falha brota sua salvação. Mas vocês que não confiaram nele, o que lhe dirão naquele dia, quando Ele vier para julgar o mundo? Vocês olharão para aquele a quem vocês traspassaram, e chorarão e lamentarão por causa dele (João 19:37).

Oh! que vocês olhassem para as feridas dele agora e confiassem nele, pois se não o fizerem, olharão para elas outra vez, e dirão: "Eu fiz essas feridas". E esse pensamento os sacudirá como quando um leão sacode sua presa. Esse pensamento derreterá seus ossos como se fossem gelo no calor do sol, e seus quadris serão soltos, e sua alma afundará em consternação.

Eu suplico a vocês, eu imploro a vocês, pelo amor que vocês têm por si mesmos e por sua alma que nunca poderá morrer: olhem para Jesus e sejam salvos. Olhem para Ele agora. Vocês devem olhar um dia – olhem esta noite. Vocês devem olhar, seja com arrependimento e fé, ou então com terror e desespero. Escolham qual será. Escolham vocês agora.

Jovens homens e jovens mulheres que pisaram aqui esta noite, eu oro a Deus para que vocês tenham graça para se decidir por Jesus agora. Velhos homens e pais, senhoritas e senhoras, que vocês tenham graça também para dizer: "Eu o receberei como meu Salvador, não como meu Juiz".

---

[18] *My Jesus, say, what wretch has dared* [Meu Jesus, que miserável ousou], Alphonso M. de Liguori [tradutor para o inglês, H. Vaughan], século 17.

Mas se seus ouvidos recusarem
A linguagem de sua graça,
E corações se endurecerem como judeus obstinados,
Aquele povo incrédulo.

O Senhor em ira se vestirá,
Levantará sua mão e jurará:
"Vocês que desprezam
Meu descanso prometido
Não terão parte ali".[19]

Sermão publicado em 1913.

---

[19] *Now Let a Spacious World Arise* [Que um mundo vasto surja], Isaac Watts, 1707.

9

A CEIA DO SENHOR — SIMPLES, MAS SUBLIME!

Façam isto, todas as vezes que o beberem, em memória de mim. Porque, todas as vezes que comerem este pão e beberem o cálice, vocês anunciam a morte do Senhor, até que Ele venha.
1Coríntios 11:25-26

SERIA perda de tempo e tenderia a estragar nossa compartição com Cristo, se eu tentasse enumerar os erros e equívocos em que as pessoas caíram a respeito do objetivo da ceia do Senhor. Existem alguns grupos de pessoas entre nós – e elas parecem estar se multiplicando – que transformam a mesa da comunhão em um altar, e convertem o pão e o vinho, que são apenas objetos memoriais, na semelhança de um sacrifício. Direi apenas que nunca entremos em seu segredo, e que nunca estejamos unidos à sua confederação, pois sua mesa é a mesa da idolatria, e seu altar é pouco melhor do que um sacrifício aos demônios. Tais ofertas não podem ser aceitáveis a Deus, pois aqueles que as observam se afastam completamente da simplicidade da verdade para os ardis ocultos do Anticristo.

Este banquete simples da ceia do Senhor, consistindo em partir e comer pão, e verter e beber vinho, tem dois objetivos em seu nível superficial. Ela foi intencionada como um memorial de Cristo, e é intencionada como uma proclamação ou manifestação de nossa fé em Cristo, e da morte de Cristo, para os outros. Estes são os dois objetivos: "Façam isto em memória de mim"; e "Assim, vocês anunciam a morte do Senhor, até que Ele venha".

I

Primeiro, então, *vemos a ceia de nosso Senhor como sendo um memorial dele*. E como tal, é simples e muito significativa.

Como ela apresenta de modo tão claro a encarnação de Cristo! Nós tomamos o pão. Este pão, do qual nos alimentamos e que se torna assimilado à nossa carne, é o tipo da encarnação do Salvador, que velou sua glória em nosso barro humano (João 1:14). O mesmo pão partido se torna o tipo daquele corpo do Salvador rasgado e dilacerado pela angústia. Temos ali os pregos, o flagelo, a cruz – tudo apresentado por aquele simples ato de partir o pão. E quando o vinho é derramado, não há mistificação, mas sim a revelação de um mistério. Ele representa o sangue daquele que tomou para si o sangue para que pudesse se tornar um sangue conosco, seu povo encarnado, e que, "achado na forma de homem, Ele se humilhou, tornando-se obediente até a morte, e morte de cruz" (Filipenses 2:7-8). De modo que, assim como o vinho é espremido do cacho, e é derramado no cálice, assim também seu sangue foi espremido dele no lagar da ira divina, e derramado para que Ele pudesse fazer expiação pelo pecado da humanidade (Hebreus 10:12).

Uma criança de pé junto à mesa da comunhão, pode perguntar ao seu pai: "O que você quer dizer com esta ordenança?", e poderia muito rapidamente ouvir: "Meu filho, partimos este pão para mostrar que o corpo de Jesus Cristo sofreu. E derramamos este vinho em sinal de que Jesus Cristo derramou o sangue do seu coração pelos pecados da humanidade".

É incrível que as pessoas tenham acrescentado tantas coisas de sua própria invenção para ocultar e velar esta ordenança tão simples e, portanto, tão sublime. Irmãos e irmãs, que nos cheguemos a esses dois símbolos, e aqui discernamos o corpo de Cristo partido por nossos pecados (1Coríntios 11:29), e vejamos seu sangue jorrando para nossa redenção.

O tipo, no entanto, é sugestivo porque não apenas apresenta o sofrimento de Cristo, mas também o resultado desse sofrimento. Ele retrata o fim, bem como os meios. Ou seja, quando eu tomo aquele pão e o como, e tomo aquele cálice e bebo dele, eu trago à lembrança – à minha própria lembrança, e à lembrança daqueles ao meu redor – não apenas o fato de que Cristo sofreu, mas que Ele sofreu por mim, e que eu tinha interesse nele. Acreditem em mim, amados e amadas: esta verdade é tão simples, que enquanto eu falo, posso imaginar alguns de vocês dizendo: "Por que ele não nos conta algo novo?" Mas deixem-me dizer a vocês: é sempre uma verdade nova e não há verdade que o coração cristão esqueça mais facilmente. Oh, que eu pudesse sempre sentir que Ele me amou e se entregou por mim! Eu sei que Ele fez isso – faz muito tempo que eu deixei de duvidar disso – mas nem sempre me lembro disso.

Indo para o mundo, como somos propensos a deixar a lembrança do amor do Salvador passar despercebida! O amor de esposa e marido nos segue como nossa própria sombra. O amor de nosso querido filho parece nos envolver como a atmosfera em que vivemos. Mas Jesus Cristo não está visivelmente aqui e, portanto, a lembrança dele requer espiritualidade de mente – e somos carnais vezes demais – mas bebês na graça (1Pedro 2:2), e assim esquecemos os sofrimentos dele. E pior ainda, esquecemos nosso interesse neles. Oh, que eu pudesse ter a cruz pintada em meus globos oculares; que eu não pudesse ver nada, exceto por meio da paixão do meu Salvador! Ó Jesus, coloca-te como um selo em minha mão, e como um sinete em meu braço, e deixa-me usar o penhor para sempre onde ele seja visível diante dos olhos da minha alma! Feliz é o cristão que pode dizer: "Eu mal preciso desse memorial". Mas eu não sou um deles e temo, meus irmãos e irmãs, que a maioria de nós precisa ser lembrada por esse pão e vinho que Jesus morreu – e precisa ser lembrada, comendo e bebendo do mesmo, que Ele morreu por nós.

Não quero dizer uma palavra esta noite que tenha qualquer oratória nela — nenhuma exibição elocutória sobre ela. Quero falar de modo tão claro que aqueles de vocês que não são cristãos dirão que foi um sermão seco e sem graça. Não me importarei com o que vocês dizem, e o que vocês sentem, se eu puder fazer com que cada um aqui que crê reflita sobre este pensamento e se lembre dele: "O Senhor da glória me amou, e se entregou por mim. Aquela cabeça que agora está coroada com glória foi uma vez coroada com espinhos – e coroada com espinhos por mim. Aquele a quem todo o céu adora, que se senta no trono mais alto do céu, uma vez foi pendurado na cruz, em extrema agonia, por mim – por mim". Eu sei que você tende a pensar que Ele morreu por tantos que Ele não tinha um fim especial para alcançar ao remir você; mas foi dito de forma muito bela que, como o amor de Cristo é infinito, se se dividir o infinito por qualquer número que se queira (eu não me importo qual seja o divisor: se é dez, ou se é vinte milhões), o quociente é infinito; e assim, se o amor de Jesus Cristo, infinito como é, pode ser imaginado dividido entre nós, cada um de nós deve ter um amor infinito. É a nossa aritmética que nos ensina isso, mas oh, se nós apenas conhecermos por experiência a profundidade infinita, a maravilhosa profundeza do amor de Jesus para cada um de nós, nossas almas serão confortadas, e se alegrarão com alegria indizível. O sinal, então, é significativo.

Mas, em seguida, é digno de nota que o memorial que estamos prestes a celebrar esta noite é um memorial em conjunto. Há algo doloroso, mas prazeroso, quando o pai morre, para os filhos se reunirem no funeral e irem juntos ao seu túmulo. Muitas mágoas familiares foram curadas quando os vários membros da família se uniram em um memorial ao pai.

A sepultura de um pobre, em especial, tem muito encantamento para mim. Lá vêm os filhos e filhas juntando seus trocadinhos para comprar o jazigo e o caixão. Muitas vezes, sobre a sepultura dos ricos, há uma disputa sobre quem deve dividir sua riqueza – mas não há tal disputa naquele caso: tal pessoa morreu sem um tostão, e John, Mary e Thomas, todos vêm – e todos eles veem quem pode fazer mais para fornecer a sepultura de seu patriarca. E se houver uma lápide, não é apenas um que paga por ela, mas todos eles juntam seu dinheiro, para que o memorial do pai possa ser compartilhado por todos eles. Como eu gosto desse pensamento! E é desse mesmo modo nesta ordenança: "nós, sendo muitos, somos um só pão" (1Coríntios 10:17); e nós, sendo muitos, somos um só cálice. Irmãos e irmãs, não posso prescindir de vocês. Se eu quiser celebrar a morte do Senhor, não posso entrar em meu quarto e pegar o pedaço de pão e o cálice, e celebrar a ordenança sozinho – preciso ter vocês comigo; não posso prescindir de vocês. E vocês, os que mais têm mentalidade espiritual entre vocês, se se trancarem em uma cela e tentarem se passar por monges e superexcelentes, não podem cumprir esta ordenança. Vocês devem ter comparticipação com outros que creem, devem se por entre os santos, pois nosso Salvador nos deu este memorial que não pode ser celebrado exceto em conjunto, por todos nós juntos. Vocês, cristãos, devem se reunir para partir este pão e beber deste cálice. "Façam isto, todas as vezes que o beberem, em memória de mim". O Mestre previu que seríamos tão propensos a nos dividir em facções? Ele sabia que teríamos tanta tendência a sermos individualizados a ponto de esquecermos de levar as cargas uns dos outros? (Gálatas 6:2) E Ele, portanto, enquanto fez do batismo a confissão pessoal e solitária de fé, fez dessa comunhão um memorial conjunto em união para que pudéssemos ser compelidos a nos reunir – pudéssemos, por doce constrangimento, ser levados a nos reunir no mesmo lugar em concordância; de outro modo não sermos capazes de fazer um memorial de sua morte?

Ela é um memorial conjunto. Vocês refletiram sobre isso. Bem, agora, vamos tentar unir os corações. Há alguma diferença entre nós nesta noite? Não tenho ciência, meus amados e amadas, de qualquer diferença com qualquer um de vocês. Se tivesse, buscaria a graça para me livrar dela. E se vocês, esta noite, tiverem ciência de qualquer coisa contra qualquer irmão ou irmã com quem vocês tomam a comunhão à mesa, eu peço para que vocês coloquem tudo de lado antes de vir aqui. Lembrem-se de que vocês devem comer e beber juntos com aqueles mesmos amigos com quem vocês estão ofendidos agora, e, portanto, desfazer a ofensa, e assim se unirem. Deus perdoou vocês por tanto, que vocês podem muito bem perdoar seu irmão ou irmã por esse pouco, supondo que ele ou ela os tenha ofendido. Venham, então, juntos, amados e amadas – juntos vamos celebrar o banquete.

Ao mesmo tempo, não devo esquecer de lembrá-los de que, embora ela seja um memorial de união, ela é mais distintamente um memorial pessoal. Não pode haver ceia do Senhor, embora todos nos reunimos, a menos que cada um coloque o pão em sua boca, e a menos que cada um de nós beba o vinho. Isso não pode ser feito como um ato conjunto. O pão é passado, e deve haver uma recepção distinta por parte de cada pessoa aqui. Então não nos percamos na multidão. Somos gotas em um grande mar, mas ainda assim devemos lembrar que somos gotas, e como nenhuma gota do mar está sem seu sal, então que ninguém entre nós esteja sem a influência salina da verdadeira comunhão com Jesus. Caro amigo, não posso tomar os elementos por você, e você não pode tomá-los por mim. Se todos vocês estiverem felizes, ficarei feliz, mas será de pouco benefício para mim, a menos que eu possa ver o Salvador também, e assim será com cada um de vocês. Portanto, deixem-me pedir para que vocês clamem a Deus para que lhes conceda agora de forma pessoal lembrarem-se do

Senhor Jesus Cristo — o amor dele por vocês, a morte dele por vocês, a ressurreição dele por vocês. "Ele me amou e se entregou por mim" (Gálatas 2:20). Que esse pensamento seja o principal de sua mente agora.

Além disso, não devo deixar de lembrá-los de que, como um memorial de Cristo, embora seja muito solene, é singularmente feliz. Cristo ordenou, como um memorial de sua morte, o quê? Ora, um banquete, não um funeral, não uma reunião para cantar canções fúnebres sobre seu corpo lacerado, ou para ir a um túmulo para chorar lá. Isso poderia ter sido um memorial, mas temos um melhor — temos um feliz. É muito significativo que, depois da ceia, eles cantaram um hino. Cantaram? Ah, sim, cantaram! A alegria se torna um banquete, e a alegria é relembrar-se das aflições de Jesus. A posição que devemos ocupar à mesa do Senhor sugere também que Cristo quis que fôssemos felizes. Ele ordenou que nos ajoelhássemos? Não, não há um indício disso. Ele pretendia que ficássemos de pé? Não há uma sílaba sobre isso. Como a ceia do Senhor foi originalmente recebida? Os convidados reclinaram-se ao redor da mesa, apoiando suas cabeças no lado uns dos outros. Era a postura confortável do participante comum de um banquete nas nações orientais. A postura mais adequada para nós, visto que não poderíamos ficar deitados, é sentar na postura mais confortável concebível. Escolham por si mesmos — não se importem com o que as pessoas dizem sobre reverência. Familiaridade com Jesus é a mais alta reverência. Coloquem seu corpo na mesa da comunhão na posição mais confortável possível em que vocês possam descansar, e então vocês alcançaram o ideal de Cristo.

É um banquete onde vocês devem estar perfeitamente à vontade, em contraste, observem, com a Páscoa. Lá estavam eles, com seus cintos amarrados à cintura, com seus chapéus e com seus cajados nas mãos — e eles comeram como pessoas com pressa, que tiveram que passar pelo deserto. Ora, nós passamos pelo deserto. Nós que cremos, entramos no descanso (Hebreus 4:3) — nossa Páscoa foi comida. Não temos o anjo destruidor

– ele passou por cima de nós (Êxodo 12:23). Saímos do Egito, entramos em Canaã e, embora o povo cananeu ainda esteja na terra, nós o estamos expulsando (Números 33:51-56). Não estamos agora observando a Páscoa com precipitação, pressa, medo e confusão – ela é a ceia do Senhor de descanso, alegria e paz. Pois, "justificados mediante a fé, temos paz com Deus por meio do nosso Senhor Jesus Cristo" (Romanos 5:1). É um memorial feliz. A alegria se torna o rosto de todos que vierem à mesa esta noite, ou em qualquer outro momento.

Bem, agora, irmãos e irmãs, lembrar-se de Cristo é o objetivo da ceia do Senhor; então vocês não terão vindo aqui para nenhum propósito a menos que se lembrem dele. Assim, eu lhes peço para que vocês deixem de lado todos os outros pensamentos. Vocês têm dificuldades doutrinárias? Deixem-nas para amanhã. Vocês têm um filho doente, ou os negócios vão mal? Bem, vocês não aliviarão suas preocupações profanando este momento sagrado. Que esses fardos sejam lançados sobre aquele que cuida de vocês (1Pedro 5:7). Uma coisa com a qual vocês têm que estar envolvidos é Jesus Cristo crucificado – crucificado por vocês, recebido por vocês. Agora, apaguem as outras estrelas e deixem uma única estrela brilhar no céu – a Estrela de Belém (Mateus 2:9). Digam adeus a todo amor, exceto o amor de Jesus, e a toda comparticipação, exceto a comparticipação com Ele.

Peçam ao Senhor para tomar sua mente como uma flecha, e encaixá-la em seu arco – e atirá-la bem para onde Cristo está no céu. "Coloquem o pensamento nas coisas lá do alto" (Colossenses 3:2). Muitas pessoas citam erroneamente isso: "Coloquem *os* pensamento*s*". Paulo não escreveu tal coisa! "Coloquem o pensamento nas coisas lá do alto" – juntem seus pensamentos em um feixe, e façam deles um pensamento – e então coloquem-no nas coisas lá do alto. Que todo a sua mente esteja no Salvador.

Peço ao Mestre que nenhum de nós se contenha – nem mesmo você, Sra. Muito-medo; nem você, Pouca-fé. E você, Pronto-para-parar – que vocês esqueçam suas muletas, e que agora se lembrem somente daquele que é o Tudo-em-todos (1Coríntios 15:28), tanto dos fortes quanto dos fracos.

> Os fortes, os fracos e os débeis um são
> Em Jesus, com Ele em união.[1]

e que eles saibam disso enquanto se sentam aqui e se lembram dele.

II

O segundo objetivo desta ceia de comunhão é *a apresentação da morte de Cristo "até que Ele venha"*.

"Até que Ele venha". Não devo dizer nada sobre isso, exceto que Ele virá, e acho que isso deve ser o suficiente para os cristãos. Para minha grande tristeza, enviei para mim, na semana passada, duas ou três cópias de um folheto que pretendia, de acordo com o título da primeira página, ter sido escrito por mim, profetizando a vinda do Senhor no ano de 1866. Ora, vocês podem esperar ouvir sobre eu estar em um hospício sempre que, por minha língua ou minha caneta, eu der apoio a tal lixo. O Senhor pode vir em 1866, e eu ficarei feliz em vê-lo, mas não creio que Ele virá. E uma razão pela qual eu não creio que Ele virá, eu já disse a vocês antes: é porque todos esses falsos profetas que não valem um centavo dizem que Ele virá. Se eles dissessem que Ele não viria, eu começaria a pensar que Ele viria; mas na medida em que todos eles estão clamando em uma só voz que Ele virá em 1866, ou 1867, estou inclinado a pensar que Ele não virá em nenhum desses momentos. Parece-me que há muitas profecias que devem ser cumpridas antes da vinda de Cristo – que não serão cumpridas

---

[1] *The Gospel Feast* [O banquete do evangelho], John Kent, 1803.

nos próximos doze meses. E eu prefiro, amados e amadas, ficar na posição de alguém que não sabe nem o dia nem a hora em que o Filho do homem vem (Mateus 25:13) – sempre esperando por sua aparição, mas nunca metendo-se com aquelas datas e números, que me parecem ser diversão adequada para moças que não têm nada para fazer, e que prestam atenção a elas em vez de ler romances, e para certos teólogos que esgotaram seu estoque de conhecimento sobre a sã doutrina, e, portanto, inventam e ganham um pouco de popularidade efêmera embaralhando textos das Escrituras como os ciganos de Norwood[2] embaralhavam cartas em dias passados. Deixem os profetas dividirem os lucros que obtêm dos simplórios – e quanto a vocês, aguardem a vinda de Cristo, seja hoje ou amanhã, e não estabeleçam limites, datas ou horários. Trabalhem apenas enquanto o dia for chamado "hoje". Trabalhem para que, quando Ele vier, possam encontrá-lo como servos fiéis, prontos para entrar nas núpcias com Ele (Lucas 12:35-40). "Até que Ele venha", então, a ceia do Senhor deve ser uma apresentação de sua morte.

Vamos apenas observar como a apresentamos.

Acho que a mostramos a nós mesmos. A ceia do Senhor pode ser celebrada sem espectadores. Deve ser em público, onde for possível, mas se não houver ninguém para olhar, pode ser de outra forma. Em Veneza, em Milão, em Paris e em outras cidades, onde o romanismo católico prevalece, cinco ou seis de nós nos reunimos em nosso quarto em nosso hotel, e tivemos a verdadeira ceia do Senhor lá, embora não houvesse ninguém para olhar. E provavelmente se tivesse havido, em algumas cidades onde participamos dela, poderíamos ter sido culpados perante a lei. É uma apresentação da morte de Cristo para nós mesmos. Vemos o pão partido, e vemos o vinho derramado, e nós mesmos vemos aqui, em símbolo, Cristo

---

[2] Grupo de ciganos conhecidos e renomados em Londres e arredores por alguns séculos por suas adivinhações.

crucificado. E vemos como diante de nossos olhos, quando comemos e bebemos, nosso interesse no sacrifício oferecido no Calvário.

Mas, em seguida, mostramos isso a Deus. Nós, de fato, dizemos diante do Senhor que tudo testemunha: "Grande Deus, partimos este pão em tua augusta presença em sinal de que cremos em teu querido Filho. E bebemos este vinho aqui diante de ti, tu que sondas os corações (Romanos 8:27), solenemente para dizer-te novamente: 'Somos teus, comprados com o sangue de Jesus e lavados nele.'" (1João 1:7) É uma mostra da morte de Cristo a Deus.

Além disso, é uma mostra disso aos nossos companheiros cristãos. Dizemos àqueles que se sentam conosco: "Venham, irmãos e irmãs, vamos nos unir. Nós nos unimos a vocês, juntem-se a nós. Dizemos a vocês: 'Nós o amamos', e vocês dizem o mesmo a nós. Juntos, apertamos as mãos e renovamos nossa comparticipação cristã uns com os outros, por meio da renovação de nossa comparticipação com nosso Senhor Jesus Cristo. Nós, por assim dizer, ensinamos uns aos outros, admoestamos uns aos outros e confortamos uns aos outros, quando assim apresentamos a morte do Senhor".

Mas além de apresentar a morte de Cristo para nós mesmos, para nosso Deus e para nossos companheiros cristãos, também a mostramos para o mundo. Nós, de fato, dizemos ao mundo: "Aqui mostramos que cremos naquele que vocês crucificaram. Aquele que foi para fora do acampamento (Hebreus 13:13), o homem de Nazaré, desprezado e rejeitado pelas pessoas, é nosso Mestre. Vocês podem confiar em suas filosofias – nós confiamos nele. Vocês podem confiar em seus próprios méritos, sacrifícios e realizações, mas quanto a nós, sua carne e seu sangue é do que dependemos. Ao comermos este pão e bebermos deste cálice, Cristo Jesus é apresentado a vocês como sendo o Tudo-em-todos para nós – o pão que sustenta nossa vida espiritual, e o vinho que nos dá alegria, e sagrado regozijo e deleite".

E então, além de dizer isso ao mundo, também dizemos aos pecadores, que podem estar presentes, e a quem isso pode ser uma benção. Quantas vezes dentro destas paredes Deus abençoou o partir do pão para a conversão de almas! Deixem-me refrescar as memórias dos tais. Alguns de vocês estavam olhando dessas galerias – vocês não ousaram descer com o povo de Deus, mas não queriam ir embora. E então vocês se sentaram e olharam, e suas bocas estavam salivando, não pelo pão e vinho, mas por Cristo. Vocês o desejaram, e gradualmente vocês eram como passarinhos nos dias frios de inverno. Vocês primeiro, por assim dizer, bateram na vidraça da igreja muito gentilmente e ficaram com medo; então vocês recuaram de novo. Mas o mundo inteiro estava frio, e não havia uma migalha para vocês em nenhum outro lugar. Então vocês viram a janela aberta de uma promessa graciosa: "o que vem a mim, de modo nenhum o lançarei fora" (João 6:37) e, pressionados pela necessidade absoluta, vocês vieram a Jesus. Vocês entraram no círculo da família do povo de Jesus Cristo, e banquetearam, e estão felizes esta noite.

Bem, queridos amigos e amigas, ao nos reunirmos à mesa, estaremos nos lembrando de qualquer um entre os espectadores que ainda não foi trazido a Cristo. Pensaremos neles e faremos esta oração: "Senhor, salve-os! Ao apresentarmos Cristo, ajude-os a vê-lo. Que eles digam: 'Sim, seu corpo foi partido pelos pecadores, seu sangue foi derramado pelos pecadores, então confiaremos nele.'" E se confiarem nele, serão salvos.

Bem, agora, que possamos realizar esses dois desígnios: lembrar de Cristo e mostrar sua morte. Só podemos fazer isso por seu Espírito. Vamos, com a cabeça baixa, pedir por esse Espírito. Vamos buscar adorar a Cristo em espírito e em verdade (João 4:23-24) enquanto recebemos os símbolos externos de seu sofrimento.

Sermão proferido em 1866.

10

PREPARAÇÃO PARA A CEIA DO SENHOR

Que cada um examine a si mesmo e, assim,
coma do pão e beba do cálice.
1Coríntios 11:28

"Que *cada um* examine a si mesmo". Isto é, qualquer um – todo aquele que pretende comer deste pão e beber deste cálice. A palavra é indefinida para que possa ser entendida como universal. Nenhum homem deve vir àquela mesa, nenhuma mulher deve se aproximar, sem o autoexame prévio. Nenhuma idade nos desculpará, pois houve hipócritas idosos, bem como jovens enganadores. Nenhum cargo nos exonerará deste exame, pois houve um Judas até mesmo entre os apóstolos. O mais alto grau na igreja de Deus pode consistir na mais podre formalidade.

Devemos examinar a nós mesmos cada vez que viermos. Cada um deve fazê-lo. Ninguém deve se esquivar do dever pessoal. Todos devem empreendê-lo como aos olhos de Deus. Irmãos e irmãs, vocês, membros da igreja, prestes a rodear esta mesa, prestem atenção ao mandato do Espírito Santo, pelo apóstolo inspirado: "Que cada um examine a si mesmo e, assim, coma do pão".

"Que cada um *examine* a si mesmo". A palavra é forte. Que se faça uma investigação em sua própria alma, para saber se tudo está certo ou não. Que se procure diligentemente, rastreando cada sintoma que pareça desfavorável, se, talvez, esse sintoma possa revelar a verdade. Que se demore em cada lado escuro ou ponto de aparência ruim, se porventura esses sinais escuros significarem mais do que é aparente na superfície. Não devemos brincar conosco mesmos fazendo uma pesquisa superficial.

Que cada um examine a si mesmo como o negociante de metais preciosos quando joga o minério no fogo, sabendo que apenas o ouro sairá, enquanto a impureza será consumida. Coloquem-se em um cadinho. Aqueçam a fornalha do exame sete vezes mais quente do que o habitual, pois, uma vez que seu coração, se possível, escapará de conhecer a verdade; estejam decididos a conhecê-la, e o pior dela também. Que cada um revise, teste, prove, investigue, tente. Em todas as palavras mais fortes que eu poderia encontrar que significam o escrutínio mais completo, eu colocaria a linguagem do apóstolo: "Que cada um examine a si mesmo".

"Que cada um examine *a si mesmo*". Ninguém precisa ser tão específico para examinar aqueles que o cercam. Se houver comungantes indignos à mesa, a sua comunhão não será prejudicada. Embora alguns possam ter se intrometido onde não deveriam, ainda assim, se seu coração e mente se aproximarem de Cristo em compartiçipação real, não teremos menos indulgência de nosso Senhor porque um Judas calhou de estar lá.

"Que cada um examine a si mesmo". Que seja uma tarefa pessoal. Sei que há um exame pelo qual o membro da igreja entre nós passa, quando aqueles que são experientes na fé perguntam: "O que você sabe dessas coisas? Qual é a sua fé no tocante a isso e aquilo? Você creu? Você se arrependeu?"[1] Tal exame, no entanto, nunca deve satisfazê-lo. Peço para que

---

[1] É uma tradição que remonta aos primeiros séculos da igreja o converso fazer uma profissão de fé com perguntas feitas pelos líderes da igreja, ou toda ela, antes de receber o batismo.

vocês nunca sintam que é um certificado de discipulado genuíno ter sido examinado pelos presbíteros, ou ter o pastor satisfeito com sua conversão. Somos pobres criaturas falíveis, não podemos declarar que sondamos o coração, não, e nunca o fazemos. É apenas sua vida exterior e sua profissão da fé que somos chamados a julgar, e somente isso. Vocês não devem seguir pelo nosso exame, mas "que cada um examine a si mesmo".

Vocês devem olhar para seus próprios corações, apenas com seus próprios olhos, e pedir para que eles sejam iluminados pelo Espírito Santo. Vocês devem segurar a balança e pesar sua alma nela. Vocês não devem se satisfazer com um julgamento de segunda mão, ou com o exame de outro. Peguem a vela vocês mesmos, caros. Passem por cada canto e cada fenda. Joguem fora o fermento velho (1Coríntios 5:7) e, assim, mantenham o banquete na simplicidade de coração. "Que cada um examine a si mesmo".

"E assim", diz o apóstolo, "coma do pão". Ou seja, *o exame deve ser sazonal*. Deve vir sempre na hora de comer do pão e beber o vinho. Deve ser sempre o prelúdio da comunhão. O exame deve preceder o deleite. Vocês devem ver se devem estar lá, e têm o direito de estar lá; e isso determinado, então vocês devem vir, mas não antes disso.

Não é um fato muito relevante que a primeira vez que nosso Senhor tomou o pão e o partiu, e instituiu esta ceia, houve, naquele exato momento, um autoexame acontecendo, e eles então fizeram um apelo ao próprio Senhor na conclusão, pois cada um disse, quando a pergunta foi feita sobre quem era que deveria traí-lo: "Sou eu, Senhor?", "Sou eu, Senhor?" – não é uma pergunta inadequada para ser passada adiante esta noite, quando partiremos o pão, e ouviremos dizer: "Um de vocês me trairá".

Ah! Irmãos e irmãs, temo que haja muito mais de um aqui entre os que professam a fé que o trairão. Talvez haja dezenas, se não centenas, entre uma massa tão grande de cristãos professos que não provarão, afinal, ser genuínos. Então deixe a pergunta, embora ela desperte a angústia de suas almas, passar entre vocês: "Sou eu, Senhor?", "Sou eu, Senhor?"; nem deixem que qualquer um coma deste pão, ou beba deste cálice, até que ele tenha humildemente em sua alma procurado apresentar isso à sua consciência, para que ele possa investigar este assunto: se ele é de Cristo ou não.

Agora, queridos irmãos e irmãs, por alguns minutos apenas, *olharemos para o assunto sobre o qual devemos nos examinar, e então exortaremos vocês sobre este exame, dando-lhes algumas razões para isso.* Que Deus nos conceda uma bênção nesta questão de se examinar.

I

Acerca do que devemos examinar.

Vocês observarão que o texto não nos diz: "que cada um examine a si mesmo quanto a este ou aquele particular, e então coma". Cada um deve examinar a si mesmo, mas o apóstolo não diz sobre o quê. A inferência é que se deve examinar a si mesmo sobre esta ceia; ele deve examinar a si mesmo quanto a se ele tem o direito de comer deste pão e beber deste vinho. A ceia nos dá a pista, então, sobre o que devemos examinar a nós mesmos.

Verei diante de mim o pão partido, e o cálice cheio de vinho tinto. Essas duas coisas são os emblemas: o pão, do corpo de Cristo que foi ferido e feito sofrer por nossa causa; o vinho, daquele precioso sangue de Cristo pelo qual o pecado é perdoado e as almas são remidas.

Não tenho nenhum direito de tocar nesses emblemas, *a menos que em minha alma eu creia nos fatos que eles representam.* Não devo começar a me questionar então? Aceito como um fato certo que o Verbo se fez carne e habitou entre nós? (João 1:14) Creio que Deus desceu do mais alto trono de glória e se tornou um ser humano nascido de mulher? (Gálatas 4:4)

Creio que Ele sofreu em carne humana, o Justo pelos injustos, para nos levar a Deus? (1Pedro 3:18) Creio que em seu sangue, que foi "derramado por muitos" (Mateus 26:28), há um poder para afastar o pecado e fazer expiação ao Deus Todo-Poderoso (1João 1:7), e que assim os pecadores podem ser aceitos no Amado? (Efésios 1:6).

A menos que eu creia em tais coisas, sou claramente um hipócrita, um hipócrita terrível, se ouso vir a esta mesa. Eu sou o perverso entre os perversos ao me impelir para tocar nos emblemas quando não aceito os fatos que esses emblemas apresentam.

Ora, todos aqui podem facilmente examinar a si mesmos por esse teste, mas espero que a maioria de nós aqui diga: "Nós cremos nesses fatos". Sim, mas vocês creem neles como fatos que são convincentes por si mesmos e repletos de consequências? Vocês os apreendem em seu peso surpreendente, e sua relevância extraordinária sobre o julgamento de Deus e o destino dos seres humanos? Deus feito carne – Deus encarnado (João 1:14) – Jesus, Emanuel (Mateus 1:23) sofrendo para tirar os pecados de seu povo – o Cristo de Deus apresentando salvação a toda alma que confia nele!

Pois bem, esta é uma notícia como nenhuma outra que já tenha agitado até mesmo o próprio paraíso anteriormente. É a melhor, a mais elevada e a mais maravilhosa notícia que os anjos já ouviram. Devemos ouvir e aceitar esses fatos no mesmo espírito que os caracterizou quando aconteceram, para discernir devidamente sua importância, ou não temos o direito de vir aqui. Além disso, irmãos e irmãs, todo que come do pão e bebe do vinho *estabelece em emblema, ao comer do pão, que a carne de Cristo é sua, e ao beber do vinho, que o sangue de Cristo é seu.* Porque ele tem posse dessas coisas, ele, portanto, vem comer como as pessoas comem seu próprio pão, ou beber como as pessoas bebem seu próprio vinho.

Agora, caro ouvinte, a pergunta feita a você é esta: você tem interesse no corpo e no sangue de Cristo? "Como posso saber meu interesse nisso?", pergunta alguém. Você pode saber assim: você confia plena e somente em Jesus Cristo para sua salvação? Você confia implicitamente nos méritos das agonias dele? Você, sem nenhuma outra confiança, entrega-se totalmente sobre o grande sacrifício expiatório e os feitos do Calvário? Se assim for, essa fé lhe dá Cristo, é a evidência de que Cristo é seu; você não precisa ter medo de vir e tomar o vinho quando você tão manifestamente tem a coisa que é significada por meio dele. Você pode vir, você é convidado a vir, você não pode ficar longe sem pecar se Cristo realmente for seu.

A pergunta pode assumir outra forma. Esta ceia foi instituída *para que pudéssemos nos lembrar de Cristo nela* (1Coríntios 11:24-25). Perguntem-se, então, cada um: você consegue se lembrar de Cristo? Vir aqui o ajudará a se lembrar de Jesus Cristo? Se não, você não deve vir. Mas como você pode se lembrar do que não conhece, e como você se lembrará corretamente de alguém com quem você não tem parte nem sorte? Lembrar de Cristo como um mero personagem na história não é mais útil do que lembrar de Júlio César ou Napoleão Bonaparte. Lembrar de Cristo, que o amou e se entregou por você (Efésios 5:2) – esta é a lembrança excelente que será benéfica para seus espíritos.

Amados e amadas, tenho certeza de que às vezes no que é chamado de "sacramento" há pouca ou nenhuma lembrança de Cristo. Homens e mulheres vêm a ele sem nenhuma ideia de se lembrar de Jesus. Eles pensam que há algo na coisa em si, alguma santidade em comer o pão e beber o vinho, alguma graça concedida pelas mãos sacerdotais que administram os emblemas da Paixão. Mas oh! não é assim. Isto não é receber a ceia do Senhor, isto é apenas idolatria papista; esta não é a verdadeira adoração do filho de Deus.

Vocês vêm à mesa para se lembrar dele, e somente na medida em que esses sinais os ajudam a se lembrar dele, a confiar nele, a amá-lo, somente nessa medida eles se tornam um meio de graça para vocês. Não há virtude moral latente em substâncias materiais: nenhuma regeneração oculta-se na água, nenhuma confirmação em graça flui de mãos prelatícias[2]. Não há santidade em mangas de linho, não há santidade no pão, e nada devoto no vinho. Estes são apenas sinais exteriores e visíveis.

A piedade, a santidade, a graça, devem estar em seus próprios corações enquanto vocês amorosamente recebem esses símbolos, e se aproximam com espíritos verdadeiros do Senhor, que os comprou com seu sangue (Atos 20:28). Perguntem a si mesmos, então: vocês se lembram dele? Essas coisas os ajudariam a se lembrar dele? Se não, vocês não têm nada a fazer aqui.

Pode ser que algum filho de Deus aqui esta noite não esteja apto para vir à mesa. Você pode ficar surpreso, talvez, com essa observação, mas eu me arrisco a supor que tal coisa seja possível, e se acontecer de ser o caso, eu oro para que o irmão ou irmã leve a admoestação para casa. Há algum irmão ou irmã a quem você ofendeu, cujo perdão você não buscou; ou há alguém que o ofendeu, a quem você não concedeu perdão? Eu realmente acho que o que nosso Senhor disse sobre vir ao altar, e deixar a oferta diante do altar até que primeiro tenhamos sido reconciliados com nosso irmão – embora este não seja um altar – pode ser com toda a justiça presumido a respeito desta mesa (Mateus 5:23-24).

Como você pode esperar compartição com Cristo com um coração implacável? Como você pode amar a Deus, a quem você não viu, se você não ama seu irmão, a quem você viu? (1João 4:20) Se é tão difícil para você perdoar, quão difícil será para você ser perdoado? (Mateus 6:15) Um espírito implacável barra você do céu. Por que você não pode nem mesmo realizar o ato mais humilde? Você não pode orar, você não pode dizer: "Perdoa-nos as nossas transgressões, assim como nós também

---

[2] Spurgeon aqui está se opondo à doutrina da regeneração batismal e da confirmação (crisma) pela imposição das mãos dos bispos.

perdoamos aos que transgridem contra nós" (Mateus 6:12)? E se você não pode orar, muito menos pode comungar. Oh! cuide disso, e que cada um examine-se sobre isso.

Ao exortá-los sobre este assunto, que me seja permitido dizer, muito sinceramente, que a maneira correta de nos examinarmos antes de vir a esta mesa é *pela regra que está estabelecida nas Escrituras*. Examinem-se pelos testes e provas do Espírito que são falados na Palavra de Deus. Assim como vocês examinariam outro, imparcialmente:

> Nada atenuem,
> Nem relatem algo por maldade,[3]

assim vocês devem examinar a si mesmos. Ai, ai! Temos uma regra para os outros e outra regra para nós mesmos. Como somos equivocadamente rápidos para descobrir as imperfeições e fraquezas de outros do povo de Deus, enquanto nossos próprios pecados gritantes dificilmente dão uma pontada em nossa consciência. Andamos com grandes traves nos olhos, o tempo todo nos perguntando por que nossos irmãos e irmãs não conseguem ver o cisco que está nos deles (Lucas 6:41). Julguem-se, julguem-se, e deixem que a severidade do seu julgamento sobre seus companheiros cristãos seja agora voltada para vocês; será muito mais proveitoso para vocês, e muito mais de acordo com as regras do amor cristão. Deus nos conceda que nenhum de nós tenha medo das regras mais rígidas das Escrituras em sua forma mais severa.

Ai, ai! Irmãos e irmãs, muitas vezes paramos em nossos exames exatamente quando eles poderiam ser úteis para nós, como o paciente que arranca o curativo exatamente quando ele começa a funcionar, ou deixa de receber o remédio precisamente quando ele atingiu um ponto em que

---

[3] William Shakespeare, *Otelo, o moro de Veneza* (Ato 5, Cena 2), 1603.

lhe seria útil. Aprofundem, aprofundem as graves questões e ansiedades que espreitam dentro de vocês. Nunca tenham medo de serem sondados até o íntimo, e de serem destrinchados até o âmago. Não façam provisão para autoengano.

Peçam ao Senhor para despir seus corações, bem despidos, diante de seus olhos oniscientes, e enquanto vocês estiverem examinando, não vacilem, não suavizem as questões, não brinquem, não sejam parciais, mas julguem a si mesmos verdadeira e completamente, para que, afinal, vocês não estejam enganados, e para que, depois de virem a esta mesa, vocês não sejam banidos da ceia das Bodas do Cordeiro (Apocalipse 19:6-9).

Esse tanto sobre os pontos que estão em discussão, sobre os quais devemos examinar nossa adequação para vir a esta mesa. Permitam-me agora, da melhor forma que puder...

II

Insistir com vocês sobre esse assunto muito importante, com alguns motivos pelos quais deve haver tal autoexame.

Eu poderia dizer, irmãos e irmãs, que tal exame deve ser usado porque o autoconhecimento é sempre valioso. Os antigos gregos, cujos ditados maravilhosos frequentemente beiravam a inspiração, costumavam dizer: "Conheça a si mesmo!"[4] É ruim para alguém conhecer países estrangeiros e não saber nada do seu; entender as fazendas de outros e deixar a sua própria ir a ruína; estar familiarizado com a saúde de outros e estar ele mesmo morrendo de uma doença secreta; estudar o caráter de outros, mas permitir que seu próprio caráter seja desagradável aos olhos de Deus. Conheçam a si mesmos.

---

[4] Máxima inscrita no pátio do templo de Apolo em Delfos desde antes do século 5 a.C.

Nada lhes dará um retorno melhor do que sondar seus próprios corações e conhecer a si mesmos. De todos os inventários, este é um dos mais benéficos. Muitas vezes é a morte do orgulho quando alguém descobre o que realmente é. A justiça própria voará diante de tal busca como as corujas voam diante do sol nascente. Conheça a si mesmo, e você estará no caminho para conhecer a Cristo, pois o conhecimento de si mesmo o humilhará, fará com que você sinta sua necessidade de Jesus e pode, nas mãos de Deus o Espírito Santo, levá-lo a encontrar o Salvador.

Oh! homens e mulheres, como é que vocês têm tantos conhecidos, um círculo tão grande de amigos e ainda assim não se conhecem? Enquanto vocês leem muita literatura, vocês não leem seus próprios corações; vocês comungam com os outros, mas não comungam consigo mesmos e não se conhecem. Eu suplico para que vocês se examinem, se não por outra coisa, porque tal conhecimento está entre os mais preciosos que alguém pode ganhar.

Examinem-se, novamente, vocês, cristãos professos, *porque é uma coisa maravilhosamente fácil para nós sermos enganados e continuarmos a ser enganados*. Claro, todos gostam de ser bajulados. Quer se acredite nisso ou não, esta é uma verdade universal, e qualquer um – não importa quem tal seja – é facilmente persuadido de que tudo está bem consigo. Satanás também ajudará as tendências naturais de vocês, e sua parcialidade para com vocês mesmos. Ele só deseja embalar vocês para dormir, e embalá-los no berço da ilusão.

Todas as coisas ao redor de uma pessoa conspiram para ajudá-la a se iludir. A noção de graça que é comumente nutrida, a popularidade da religião, a facilidade com que alguém pode se juntar a uma igreja, a pouca perseguição nestes dias – todas essas coisas ajudam a torná-la em uma trilha muito fácil pela qual uma pessoa pode atravessar quase sem esforço, até que mesmo quando ela morrer, ainda pode acreditar que está no caminho para o céu, enquanto o tempo todo ela estava indo às pressas para o inferno. Oh! já que é tão fácil ser enganado, e é a sua alma que está em perigo, eu imploro que vocês examinem a si mesmos.

Além disso, meus queridos amigos e amigas, *vocês sabem como alguns são enganados*. Reavivem suas memórias por um minuto. Vocês não conhecem alguns entre seus próprios conhecidos que são enganados? Ah! Vocês se lembram deles rapidamente! Mas vocês sabem que havia pessoas sentadas em outras partes do Tabernáculo[5] que estavam pensando em vocês enquanto vocês estavam pensando nelas! Vocês disseram de tal pessoa: "Ah! Eu a observei em casa; conheço aquela língua barulhenta dela; ela não é cristã". E aquela mesma mulher estava apenas sussurrando para si mesma: "Ah! Eu o conheço; fiz compras em sua loja; conheço aqueles pesos adulterados dele; ele não é cristão".

Ah! Vocês não querem que Deus os condene; se vocês pudessem apenas falar, vocês se condenariam. Mas se for esse o caso, que podemos descobrir tão facilmente que outros são enganados, não é a pergunta que vale a pena ser feita: "Não podemos ser enganados nós mesmos?" Oh! que isso possa entrar no íntimo de vocês. O pregador não pode ser enganado? Os presbíteros e diáconos, que têm sido honrados por muitos anos, não podem, no entanto, estar podres de coração? Os membros desta igreja que têm estado nesta mesa desde o início, quase desde a infância, não podem ter, afinal, apenas uma santidade superficial que não resistirá ao fogo que testará a obra de cada um, de que tipo ela é? (1Coríntios 3:13) Portanto, eu imploro a vocês, já que muitos estão enganados, examinem a si mesmos e, assim, cheguem a esta mesa.

Além disso, lembrem-se de que é importante para os cristãos professos fazerem isso além de todos os outros, porque, talvez, não haja maior barreira para a recepção da graça em todo este mundo *do que a crença de que você já tem a graça*. Seria uma benção se alguns aqui presentes nunca

---

[5] A igreja de Spurgeon se chama Tabernáculo Metropolitano.

tivessem se juntado à igreja. É triste que eu diga isso, mas é assim. Seria uma benção para eles mesmos que nunca tivessem professado ser cristãos, porque agora, se pregamos o arrependimento, eles dizem: "Eu me arrependi anos atrás"; se falamos de fé no Salvador, eles dizem: "Eu tenho fé, entrei para a igreja e declarei minha fé"; se falamos de conhecimento cristão, eles têm conhecimento cristão – embora seja o conhecimento que ensoberbece. Eles têm a imitação de todas as graças, e como às vezes é muito difícil saber qual é a verdadeira pedra preciosa e qual é o cristal que a imita, assim essas pessoas vivem tanto como cristãos, em muitos aspectos, que é difícil até para eles descobrirem que não são ricos e estão bem de vida, mas estão nus, pobres e miseráveis (Apocalipse 3:17). Se eu estivesse fora de Cristo, desejaria estar fora da igreja. Se eu não tivesse fé nele, quem me dera não professar ser dele! Se há alguma alma em qualquer lugar que tem menos probabilidade de ser salva, é uma alma não regenerada dentro da igreja, participando das ordenanças cristãs e morta enquanto vive. Examinem-se, então, por esse motivo.

E deixem-me acrescentar outra palavra solene: examinem-se *porque dentro de pouco tempo, no máximo, vocês estarão no leito da morte, e lá, se não antes, haverá profundos exames de coração.* Quando o corpo exterior se deteriora, e a carne está se desfazendo, você vai querer algo mais do que sua profissão de fé para se apoiar. Sacramentos, e ir a lugares de culto, provarão ser coisas pobres para sustentá-lo no meio das ondas da morte. Como alguém deve se sentir quando se lança naquele mar terrível com seu colete salva-vidas, e descobre que ele não suportará seu peso; quando ele pula em seu bote salva-vidas que ele esperava que o levaria em segurança ao porto, e descobre que cada tábua está danificada, e que vaza, e ele afunda na maré.

Oh! Descubram seus erros enquanto ainda há tempo para corrigi-los! Eu os conjuro pelo Deus vivo, cuja face de fogo vocês logo verão: preparem-se para o seu julgamento, bem como para o julgamento de sua própria consciência na hora da morte, pois todos devem ser pesados na balança. Nenhum simples fingidor passará pelos portões da bem-aventurança. Você destituído de fé: não importa como é brilhante sua profissão de fé, você será banido da presença dele. Se não for obra da graça e obra do coração, você pode ter comido ou bebido na presença dele, e Ele pode ter ensinado em suas ruas, mas Ele nunca o conhecerá (Lucas 13:26). Se você nunca confessou seus pecados em segredo ao grande Sumo Sacerdote, se você nunca colocou sua mão sobre aquela preciosa cabeça que carregou o pecado dos seus eleitos, se você nunca viu em transferência solene suas iniquidades passadas para Ele (Levítico 16:20-22), e se sua fé nunca reconheceu essa transação e se alegrou nela, oh! cuidado, cuidado, cuidado! pois no último tremendo dia, suas profissões de fé serão apenas um aparato pintado para você ir para o inferno – sim, e pior do que isso, entre aquilo que alimentará as chamas que irão consumi-lo, as quais brilharão mais furiosamente com fogo devorador, estará aquilo que alimentará as chamas de sua profissão de fé ilegítima, sua santidade espúria, suas graças falsas, seu brilho que não era ouro, sua profissão de fé que não se legitima em uma posse verdadeira.

Oh! queridos irmãos e irmãs, por essas razões, que cada um examine a si mesmo, e assim coma deste pão.

Mas agora, supondo que tudo isso já aconteceu, e tenhamos chegado a esta resposta: "Eu não estou em Cristo, não sou um cristão, não cri". Então, para longe, longe, longe desta mesa! Mas para onde devo enviar você? Eu o enviarei para a cruz. Embora você possa não vir à mesa, você pode vir a Jesus.

Mas suponha que sua resposta seja: "Eu sou muito indigno e pecador, mas ainda assim, eu cri em Jesus, embora eu ainda veja muito em mim que é mau". Caros irmãos e irmãs, essa não é a questão. A preparação para a ceia do Senhor não está na santificação perfeita, mas na verdadeira fé em Jesus. Se, então, você se certificou disso, acabe com o exame – quero dizer, para esta noite – porque depois de você ter se examinado, o apóstolo não diz: "Continue se examinando", mas "assim, coma", e eu não gosto que esse exame fique preso na garganta para que você não consiga digerir os delicados pedaços do precioso corpo do Salvador. Está feito, você examinou, e você o conhece, você creu nele, e confiou que Ele é capaz de mantê-lo.

Agora, então, cuidem de comer, quero dizer, não apenas comer com a boca e beber com a garganta, mas agora cuidem de orar para que vocês possam ter comparticipação real com o Deus Encarnado, magnificando com gratidão a graça que o fez diferenciar-se, e alegremente aceitando a preciosa Pessoa que é a base de sua confiança, da vida de sua alma.

Deus lhes conceda agora, tendo passado pela porta e mostrado seu ingresso de entrada como verdadeiros cristãos, sentarem e comerem pão no reino de Deus!

SERMÃO PUBLICADO EM 1914.

11

COMUNHÃO COM CRISTO E SEU POVO

O cálice da bênção que abençoamos não é a comunhão do sangue de Cristo? O pão que partimos não é a comunhão do corpo de Cristo? Porque nós, embora muitos, somos unicamente um pão, um só corpo; porque todos participamos do único pão.
1Coríntios 10:16-17

LEREI para vocês o texto como está na maioria das versões: "O cálice de bênção que abençoamos, não é a comunhão do sangue de Cristo?" Ou seja, não é uma forma de expressar a comunhão do sangue de Cristo? "O pão", ou como também se pode traduzir, "o pão inteiro que partimos, não é a comunhão do corpo de Cristo? Porque nós, embora muitos, somos unicamente um pão, um só corpo; porque todos participamos do único pão". A frase "pão inteiro" ajuda a trazer mais claramente a ideia de unidade pretendida pelo apóstolo.

É um fato lamentável que alguns tenham imaginado que esta simples ordenança da ceia do Senhor tem um certo poder mágico, ou pelo menos físico, de modo que pelo mero ato de comer e beber este pão e vinho, todos podem ser feitos participantes do corpo e sangue de Cristo. É maravilhoso que um símbolo tão simples tenha sido tão complicado por genuflexão[1], adornos e frases técnicas. Alguém consegue ver a menor semelhança entre o Mestre sentar-se com os doze, e a missa da comunidade romana?

O rito original se perde no ritual sobreposto. A superstição produziu um sacramento onde Jesus pretendia uma comparticipação. Um número excessivo de pessoas, que não iriam tão longe quanto Roma, ainda falam deste banquete simples como se fosse um mistério sombrio e obscuro. Eles empregam todos os tipos de palavras difíceis para transformar o pão das crianças em uma pedra. Não é a ceia do Senhor, mas a "Eucaristia"[2]; não vemos diante de nós nenhum prato, mas uma "patena"[3]; o cálice é o "cálice sagrado" e a mesa é um "altar". Essas são incrustações de superstição, pelas quais a ordenança bendita de Cristo provavelmente será mais uma vez acrescida demais e pervertida.

O que essa ceia significa? Significa comunhão, comunhão com Cristo, comunhão uns com os outros. O que é comunhão? A palavra se divide facilmente em *união*, e seu prefixo *com*, que significa junto; "com união"[4]. Devemos, portanto, primeiro desfrutar da união com Cristo e com sua igreja, ou então não podemos desfrutar da comunhão. A união está na base da comunhão. Devemos ser um com Cristo em coração, alma e vida, batizados em sua morte, vivificados por sua vida e, assim, levados a ser membros de seu corpo, um com toda a igreja da qual Ele é o Cabeça (Colossenses 1:18). Não podemos ter comunhão com Cristo até que

---

[1] Ajoelhar-se.
[2] O nome bastante antigo dado à ceia do Senhor por igrejas antigas e mais litúrgicas, como a Católica Romana, a Ortodoxa, a Anglicana e as Luteranas.
[3] Prato de metal utilizado pelos católicos onde se consagram as hóstias.
[4] Spurgeon traz a origem da palavra baseado na acepção (errônea) de Agostinho de Hipona como *com+unus* = "com união, unido", mas a etimologia verdadeira é *com+munis* = "[obrigação ou dever] comum a todos [da cidade]", que desenvolveu para o latim eclesiástico como *communio* = "compartilho [do sacramento]", e *communio(nem)* = "o compartilhamento [do sacramento]".

estejamos em união com *Ele*, e não podemos ter comunhão com a igreja até que estejamos em união vital com ela.

I

O ensinamento da ceia do Senhor é apenas este: que, embora tenhamos muitas maneiras de *comunhão com Cristo*, receber Cristo em nossas almas como nosso Salvador é a melhor maneira de comunhão com Ele.

Eu disse, queridos amigos e amigas, que temos muitas maneiras de comunhão com Cristo; deixem-me mostrar-lhes que é assim.

A comunhão é nossa *pela comunhão pessoal* com o Senhor Jesus. Falamos com Ele em oração, e Ele fala conosco por meio da Palavra. Alguns de nós falam mais frequentemente com Cristo do que com a própria esposa ou filho, e nossa comunhão com Jesus é mais profunda e completa do que nossa compartiçipação com nosso amigo mais próximo. Na meditação e na ação de graças que a acompanha, falamos com nosso Senhor ressuscitado, e por seu Espírito Santo, Ele nos responde criando novos pensamentos e emoções em nossas mentes.

Gosto às vezes, em oração, quando não sinto que posso dizer nada, apenas de sentar-me quieto e olhar para cima; então a fé espiritualmente avista o Bem-amado e ouve a voz dele no silêncio solene da mente. Assim, temos comunhão com Jesus de um tipo mais próximo do que qualquer palavra poderia expressar. Nossa alma derrete sob o calor do amor de Jesus e dispara para cima seu próprio amor em troca.

Não pensem que estou sonhando, ou que estou sendo levado pela lembrança de algum falar entusiasmado incomum; não, eu afirmo que a alma devota pode conversar com o Senhor Jesus o dia todo, e pode ter uma compartiçipação tão verdadeira com Ele como se Ele ainda habitasse corporalmente entre as pessoas. Sei disso não pelo que ouço, mas pela minha própria experiência pessoal; sei com certeza que Jesus se manifesta ao seu povo como Ele não o faz ao mundo (João 14:21).

Ah! que doce comunhão frequentemente existe entre o santo e o Bem-amado, quando não há pão e vinho sobre a mesa, pois o próprio Espírito atrai o coração do renovado, e ele corre atrás de Jesus, enquanto o próprio Senhor aparece ao espírito desejoso! "Ora, a nossa comunhão é com o Pai e com o seu Filho, Jesus Cristo" (1João 1:3). *Vocês* gostam dessa conversa fascinante?

Em seguida, temos comunhão com Cristo *nos pensamentos, visões e propósitos dele*, pois os pensamentos dele são nossos pensamentos, de acordo com nossa capacidade e santidade. Aqueles que creem, adotam a mesma visão das coisas que Jesus tem: o que o agrada, os agrada, e o que o entristece, os entristece também. Considerem, por exemplo, o maior tema do nosso pensamento, e vejam se nossos pensamentos não são como os de Cristo: Ele se deleita no Pai (João 8:29), Ele ama glorificar o Pai (João 17:1); nós também não? O Pai não é o centro do deleite das nossas almas? Não nos alegramos com o próprio som do seu nome? Nossos espíritos não clamam: "Aba, Pai"? (Gálatas 4:6)

Assim, fica claro que sentimos o que Jesus sente em relação ao Pai, e assim temos a mais verdadeira comunhão com Ele. Este é apenas um exemplo; suas contemplações lhes trarão uma grande variedade de tópicos nos quais pensamos com Jesus. Agora, a identificação com o julgamento, a opinião e o propósito formam o caminho da comunhão; sim, é comunhão.

Também temos um relacionamento com Cristo *em nossas emoções*. Vocês nunca sentiram um horror santo quando ouviram uma palavra de blasfêmia na rua? Assim Jesus sentiu quando viu o pecado, e o carregou em sua própria pessoa (1Pedro 2:24), só que Ele o sentiu infinitamente mais do que vocês. Vocês nunca sentiram, ao olharem para os pecadores, que deveriam chorar por eles? Essas são lágrimas santas e contêm os mesmos ingredientes que Jesus derramou quando lamentou sobre Jerusalém (Mateus 23:37-39). Sim, em nosso zelo por Deus, em nosso ódio pelo pecado, em nossa aversão à falsidade, em nossa pena pelas pessoas, temos verdadeira comunhão com Jesus.

Além disso, temos tido uma comparticipação com Cristo *em muitas de nossas ações*. Vocês já tentaram ensinar os ignorantes? Foi isso que Jesus fez. Vocês acharam difícil? Assim Jesus achou. Vocês se esforçaram para resgatar o caído? Então vocês estavam em comunhão com o bom Pastor, que se apressa para o deserto para encontrar a única ovelha perdida, a encontra, a coloca sobre seus ombros, e a traz para casa alegrando-se (Lucas 15:4-6).

Vocês já zelaram por uma alma noite e dia com lágrimas? Então vocês tiveram comunhão com aquele que carregou nosso nome em seu coração partido, e carrega o memorial deles em suas mãos perfuradas (Isaías 49:16). Sim, em atos de abnegação, liberalidade, benevolência e piedade, entramos em comunhão com aquele que andou fazendo o bem (Atos 10:38).

Sempre que tentamos desembaraçar os emaranhados da contenda, e fazer a paz entre pessoas que estão em inimizade, então estamos fazendo o que o grande Pacificador fez, e temos comunhão com o Senhor e Doador da paz (2Tessalonicenses 3:16). Onde quer que, de fato, cooperemos com o Senhor Jesus em seus desígnios de amor aos seres humanos, estamos em comunhão verdadeira e ativa com Ele.

Assim é *com nossas tristezas*. Alguns de nós têm tido uma grande comparticipação com o Senhor Jesus na aflição. "Jesus chorou" (João 11:35); Ele perdeu um amigo, e nós também já perdemos. Jesus se entristeceu com a dureza do coração humano (Marcos 3:5); e nós conhecemos essa tristeza. Jesus ficou extremamente aflito que o jovem esperançoso se afastou e voltou para o mundo (Mateus 19:22); e nós conhecemos essa aflição. Aqueles que têm corações solidários e vivem para os outros, prontamente entram na experiência do "homem de dores" (Isaías 53:3). As feridas da calúnia, as reprovações dos orgulhosos, o veneno dos intolerantes, a traição dos falsos, e a fraqueza dos verdadeiros, nós conhecemos em nossa medida, e nisso temos tido comunhão com Jesus.

E não somente isso: temos estado com nosso divino Mestre *em suas alegrias*. Suponho que nunca tenha existido alguém mais feliz do que o Senhor Jesus. Ele foi corretamente chamado de "o homem de dores", mas poderia, com verdade incontestável ter sido chamado de "o homem de alegrias". Ele deve ter se alegrado ao chamar seus discípulos, e eles vieram a Ele (Marcos 3:13); ao conceder cura e alívio (Mateus 15:30-31), ao dar perdão aos penitentes (Lucas 7:48), e ao soprar paz aos que creem (João 14:27).

A alegria dele era encontrar a ovelha (Lucas 15:1-7) e tirar a moeda do pó (Lucas 15:8-10). A obra dele era sua alegria, tanta alegria que por ela Ele suportou a cruz, desprezando a vergonha (Hebreus 12:2). O exercício da benevolência é alegria para corações amorosos: quanto mais dor custa, mais alegria é. Ações gentis nos fazem felizes, e em tal alegria encontramos comunhão com o grande coração de Jesus.

Desse modo, dei a vocês uma lista de janelas de ágata e portões de almandite pelos quais vocês podem chegar ao Senhor, mas *a ordenança da ceia do Senhor estabelece um caminho que supera todos eles*. É o método mais acessível e mais eficaz de comparticipação com Ele. Aqui é que temos a comparticipação com o Senhor Jesus, ao recebê-lo como nosso Salvador. Nós, sendo culpados, aceitamos sua expiação como nossa purificação sacrificial, e em sinal disso comemos este pão e bebemos deste cálice.

"Oh!" diz alguém, "não sinto que posso chegar perto de Cristo. Ele é tão exaltado e santo, e eu sou apenas um pobre pecador". Exatamente! Por essa mesma razão você pode ter uma comparticipação com Cristo naquilo que está mais próximo do coração dele. Ele é um Salvador, e para ser um Salvador, deve haver um pecador para ser salvo. Seja você aquele, e Cristo e você estarão de uma vez em união e comunhão: Ele salvará, e você será salvo; Ele santificará, e você será santificado, e dois serão assim um.

Esta mesa coloca diante de vocês o grande sacrifício dele. Jesus o ofereceu, vocês o aceitarão? Ele não pede que vocês tragam nada – nenhuma gota de sangue, nenhuma aflição da carne; tudo está aqui, e seu dever é vir e participar disso, assim como antigamente o ofertante participava da oferta pacífica que ele havia trazido, e assim banqueteava com Deus e com o sacerdote (Levítico 7:11-34). Se vocês se afadigam por Cristo, isso certamente será algum tipo de comparticipação com Ele, mas eu lhes digo que a comunhão de o receber em sua alma mais íntima é a comparticipação mais próxima e íntima possível ao ser humano mortal.

A comparticipação de serviço é extremamente honrosa, quando nós e Cristo trabalhamos juntos pelos mesmos objetivos; a comparticipação de sofrimento é extremamente instrutiva, quando nosso coração tem gravado nele as mesmas marcas que foram gravadas no coração de Cristo; mas ainda assim, a comparticipação da alma que recebe Cristo e é recebida por Cristo, é mais próxima, mais vital, mais essencial do que qualquer outra. Tal comparticipação é eterna.

Nenhum poder na terra pode daqui em diante tirar de mim o pedaço de pão que acabei de comer: ele foi para onde será transformado em sangue, nervo, músculo e osso. Está dentro de mim e é meu. Aquela gota de vinho correu por minhas veias, e é parte integrante do meu ser. Então, aquele que toma Jesus pela fé para ser seu Salvador escolheu a boa parte que não lhe será tirada (Lucas 10:42). Ele recebeu Cristo em suas partes interiores, e todos os seres humanos na terra, e todos os demônios no inferno, não podem retirar Cristo dele.

Jesus disse: "quem de mim se alimenta viverá por mim" (João 6:57). Por nossa recepção sincera de Jesus em nossos corações, uma união indissolúvel é estabelecida entre nós e o Senhor, e isso se manifesta em comunhão mútua. A todos quantos o receberam, a eles Ele deu esta comunhão, sim, àqueles que creem em seu nome.

II

Agora tenho que olhar para outro lado da comunhão, a saber, *a comparticipação dos que verdadeiramente creem uns com os outros*.

Temos muitas maneiras de comungar um com o outro, mas não há maneira de comunhão mútua como a recepção comum do mesmo Cristo, da mesma maneira. Eu disse que há muitas maneiras pelas quais os cristãos comungam uns com os outros, e essas portas da comparticipação eu mencionarei com mais detalhes.

Deixem-me abordar o mesmo assunto de antes. Comungamos *por meio de conversas santas*. Gostaria que tivéssemos mais disso. Houve um tempo em que aqueles que temiam ao Senhor falavam frequentemente uns *com* os outros; temo que agora falem mais frequentemente uns *contra* os outros. É uma coisa dolorosa que o amor muitas vezes sangre pelas mãos de um irmão. Quando não somos tão ruins assim, ainda assim somos frequentemente acanhados e silenciosos, e assim perdemos a oportunidade de termos conversas proveitosas. Nossa retração social muitas vezes tem feito um cristão sentar-se ao lado do outro em completo isolamento quando cada um ficaria encantado com a companhia do outro. Filhos da mesma família não precisam esperar para serem apresentados uns aos outros; ao comer deste pão, damos e recebemos o símbolo da fraternidade; vamos, portanto, agir consistentemente com nosso parentesco, e cair em conversas santas na próxima vez que nos encontrarmos.

Temo que a fraternidade cristã, em muitos casos, comece e termine dentro do local de culto. Que não seja assim entre nós. Que seja nosso deleite encontrar nossa comunidade no círculo da qual Jesus é o centro, e façamos daqueles que são amigos de Jesus nossos amigos. Por meio de oração e louvor unidos e frequentes (Mateus 18:20), e ministrando uns aos outros as coisas que aprendemos pelo Espírito (1Pedro 4:10), nós teremos comparticipação uns com os outros em nosso Senhor Jesus Cristo.

Tenho certeza de que todos os cristãos têm comparticipação juntos em seus *pensamentos*. No essencial do evangelho, pensamos da mesma forma; em nossos pensamentos sobre Deus, Cristo, o pecado, a santidade, mantemos o passo; em nosso intenso desejo de promover o reino de nosso

Senhor, somos um. Toda a vida espiritual é uma. Os pensamentos levantados pelo Espírito de Deus na alma humana nunca são contrários uns aos outros. Não digo que os pensamentos de todos os que professam a fé cristã concordam, mas afirmo que as mentes dos verdadeiramente regenerados em todos os grupos e em todas as eras estão em harmonia umas com as outras – uma harmonia que muitas vezes desperta surpresa e deleite naqueles que a percebem.

As características que dividem um conjunto de cristãos de uma denominação de outro conjunto são muito profundas e amplas para aqueles que não têm nada da religião além do nome, mas os crentes vivos mal as notam. Os limites que separam o gado do campo não são divisão para as aves do ar. Nossas mentes, pensamentos, desejos e esperanças são um em Cristo Jesus, e aqui temos comunhão.

Amados amigos e amigas, nossas *emoções* são outra estrada real de comparticipação. Vocês se sentam e contam suas experiências, e eu sorrio ao pensar que vocês estão contando as minhas. Às vezes, um jovem cristão delonga-se na triste história de suas provações e tentações, imaginando que ninguém jamais teve que suportar uma luta tão grande, quando o tempo todo ele está apenas descrevendo os incidentes comuns daqueles que vão em peregrinação (1Pedro 2:11), e todos nós estamos comungando com ele.

Quando falamos juntos sobre nosso Senhor, não concordamos? Quando falamos de nosso Pai e de todo seu trato conosco, não somos um? E quando choramos, e quando suspiramos, e quando cantamos, e quando nos alegramos, não somos todos semelhantes? (Romanos 12:15) Dedos celestiais tocando como cordas dentro de nossos corações produzem as mesmas notas, pois somos produtos do mesmo Criador, e sintonizados com o mesmo louvor. A verdadeira harmonia existe entre todas as pessoas verdadeiras de Deus; os cristãos são um em Cristo (João 17:21).

Temos comunhão uns com os outros também, em nossas *ações*. Nós nos unimos para tentar salvar os seres humanos; assim espero. Nós nos unimos para instruir, alertar, convidar e persuadir pecadores a virem a Jesus. Nosso ministério de vida é o mesmo, somos cooperadores de Deus (2Coríntios 6:1). Vivemos o único desejo: "Venha o teu reino; seja feita a tua vontade, assim na terra como no céu" (Mateus 6:10).

Certamente temos muita comunhão uns com os outros em nossos *sofrimentos*. Não há um pobre santo doente ou abatido na terra com quem não simpatizemos neste momento, pois somos companheiros e participantes dos sofrimentos de Cristo. Espero que cada um de nós possa dizer:

> Há um cordeiro em todo o teu rebanho
> que eu desdenharia alimentar?
> Há um inimigo, diante de cuja face,
> eu temo a tua causa pleitear?[5]

Não, sofremos uns com os outros, e carregamos as cargas uns dos outros, e assim cumprimos a lei de Cristo (Gálatas 6:2). Se não o fizermos, temos razão para questionar nossa própria fé; mas se o fizermos, temos comunhão uns com os outros.

Espero que tenhamos comparticipação em nossas *alegrias* (Romanos 12:15). Alguém é feliz? Não o invejaríamos, mas nos alegraríamos com ele. Talvez esse espírito não seja tão universal quanto deveria ser entre aqueles que professam a fé cristã. Ficamos imediatamente felizes porque outro prospera? Se outra estrela ofusca a nossa, nos deleitamos em seu esplendor? Quando encontramos um irmão ou irmã com dez talentos, nos felicitamos por ter tal pessoa sido posta para nos ajudar, ou a depreciamos tanto quanto podemos? Tal é a depravação de nossa natureza que

---

[5] *Do Not I Love Thee, O My Lord?* [Não amo eu a ti, meu Senhor?], Philip Doddridge, primeira metade do século 18.

não nos alegramos prontamente com o progresso dos outros, se eles nos deixam para trás, mas devemos nos educar para isso. Uma pessoa prontamente se sentará e se solidarizará com as tristezas de um amigo, mas se ela o vir honrado e estimado, ela está inclinada a considerá-lo um rival, e não se alegrará prontamente com ele. Isso não deveria ser assim; sem esforço, deveríamos ser felizes na felicidade de nosso irmão ou irmã. Se estivermos doentes, seja este o nosso conforto: que muitos têm saúde robusta; se estivermos fracos, fiquemos felizes que outros são fortes no Senhor. Assim, desfrutaremos de uma comparticipação feliz como a dos aperfeiçoados acima no céu.

Quando eu tiver reunido todos esses modos de comunhão cristã, verei que nenhum deles é tão seguro, tão forte, e tão profundo quanto a comunhão em receber o mesmo Cristo como nosso Salvador, e confiar no mesmo sangue para purificação para a vida eterna. Aqui sobre a mesa, vocês têm os sinais da mais ampla e plena comunhão. Este é um tipo de comunhão que vocês e eu não podemos escolher ou rejeitar; se estamos em Cristo, ela é e deve ser nossa.

Certos irmãos e irmãs restringem sua comunhão na ordenança externa[6], e acham que têm boas razões para fazer isso, mas eu não consigo ver a força de seu raciocínio, porque eu alegremente observo que esses irmãos e irmãs comungam com outros fiéis em oração, louvor, ouvindo a Palavra e outras maneiras; o fato é que a questão da comunhão real está muito além do controle humano, e é para o corpo espiritual o que a circulação do sangue é para o corpo natural: um processo necessário não dependente da vontade.

Ao ler um livro de devoção profundamente espiritual, vocês ficaram encantados e se beneficiaram; e ainda assim, ao olhar para a página do

---

[6] Spurgeon fala aqui das igrejas que possuem uma ceia do Senhor "fechada", isto é, restrita aos membros de mesma igreja.

título, pode ser que vocês tenham descoberto que o autor pertencia à Igreja de Roma. E então? Ora, então aconteceu que a vida interior quebrou todas as barreiras, e seus espíritos comungaram. De minha parte, ao ler certas obras preciosas, detestei seu romanismo, e ainda assim tive uma comparticipação próxima com seus escritores em prantos sobre o pecado, em adoração aos pés da cruz, e em regozijo na gloriosa entronização de nosso Senhor.

Os laços de sangue são mais fortes que qualquer coisa, e nenhuma comparticipação é mais decisiva e sincera do que a comparticipação no sangue precioso e na vida ressuscitada de nosso Senhor Jesus Cristo. Aqui, na recepção comum do único pão inteiro, testemunhamos que somos um, e na participação real de todos os escolhidos na única redenção, essa unidade é de fato exibida e amadurecida da maneira mais substancial. Lavados no único sangue, alimentados do mesmo pão inteiro, alegrados pelo mesmo cálice, todas as diferenças passam, e "nós, embora sejamos muitos, somos um só corpo em Cristo e membros uns dos outros" (Romanos 12:5).

III

Agora, então, queridos amigos e amigas, se esse tipo de comparticipação é a melhor, *vamos cuidar de desfrutar dela*. Aproveitemos dela nesta hora.

Tenhamos cuidado *para ver Cristo* no espelho desta ordenança. Alguém de vocês comeu o pão e ainda assim não viu Cristo? Então você não obteve nenhum benefício. Você bebeu o vinho, mas não se lembrou do Senhor? Infelizmente, temo que você tenha comido e bebido juízo para si mesmo, não discernindo o corpo do Senhor (1Coríntios 11:29). Mas se você viu através dos emblemas, como os idosos veem através de seus óculos, então você tornou-se grato por tais auxílios à visão. Mas qual é a utilidade dos óculos se não há nada para olhar? E qual é a utilidade da comunhão se Cristo não está em nossos pensamentos e corações?

Se você discerniu o Senhor, então tenha certeza, novamente, de *aceitá-lo*. Diga a si mesmo: "Tudo o que Cristo é para alguém, Ele será para mim. Ele salva pecadores? Ele me salvará. Ele muda o coração das pessoas? Ele mudará o meu. Ele é o todo supremo para aqueles que confiam nele? Ele será o todo supremo para mim".

Ouvi pessoas dizerem que não sabem como aceitar Cristo. O que disse o apóstolo Paulo? "A palavra está perto de você, na sua boca e no seu coração" (Romanos 10:8). Se vocês têm algo na boca que desejam comer, qual é a melhor coisa a fazer? Você não vai engolir? É exatamente isso que a fé faz. A palavra da graça de Cristo está muito perto de vocês: está na sua língua; deixem-na descer até o mais íntimo da sua alma. Digam ao seu Salvador: "Sei que não estou apto para recebê-lo, ó Jesus, mas já que tu graciosamente vens a mim como o pão vem ao faminto, eu te recebo com alegria, regozijando-me em me alimentar de ti. Já que vens a mim como o fruto da videira a um sedento, Senhor, eu te aceito de bom grado, e te agradeço que esta recepção seja tudo o que tu requeres de mim. Não disse o teu Espírito assim: 'a todos quantos o receberam, deu-lhes o poder de serem feitos filhos de Deus, a saber, aos que creem no seu nome'"? (João 1:12)

Amados amigos e amigas, quando vocês tiverem recebido Jesus, não deixem de *se alegrar nele* por tê-lo recebido. Quantos há que receberam Cristo, que falam e agem como se nunca o tivessem recebido! É um jantar pobre do qual alguém diz, depois de tê-lo comido, que se sente como se não tivesse jantado; e é um Cristo pobre de quem alguém pode dizer: "Eu o recebi, mas não estou mais feliz, nem mais em paz". Se você recebeu Jesus em seu coração, você *está* salvo, você *está* justificado. Você sussurra: "Espero que sim"? Isso é tudo? Você não sabe? As expectativas e inquietações de tantos são uma maneira pobre de seguir; coloque os dois pés no chão e diga: "sei em quem tenho crido e estou certo de que ele é poderoso para guardar aquilo que me foi confiado até aquele Dia" (2Timóteo 1:12). Ou você está salvo ou perdido, não há estado entre os dois. Ou você está perdoado ou condenado, e você tem uma boa razão para a mais alta felicidade, ou então você tem causas graves para a mais terrível ansiedade. Se você recebeu a expiação, seja tão feliz quanto puder, e se você ainda é um descrente, não descanse até que Cristo seja seu.

Oh, a alegria de entrar continuamente em comparticipação com Cristo de tal forma que você nunca perca sua companhia! Seja isso seu, amado e amada, todos os dias e o dia todo! Que a sombra dele caia sobre você enquanto você descansa ao sol, ou vagueia pelos jardins! Que a voz dele o anime enquanto você se deita na praia, e ouve o murmúrio das ondas; que a presença dele glorifique o momento mais importante de solidão enquanto você sobe as colinas. Que Jesus seja para você uma presença totalmente envolvente, iluminando a noite, perfumando o dia, alegrando todos os lugares e santificando todas as atividades.

Nosso Amado não é um amigo apenas para os Dias do Senhor, mas também para os dias da semana; Ele é o companheiro inseparável de seus discípulos amorosos. Aqueles que têm tido uma comparticipação com seu corpo e seu sangue nesta mesa podem ter o Senhor como um convidado habitual em suas próprias mesas; aqueles que encontraram seu Mestre neste cenáculo podem esperar que Ele faça o próprio aposento deles brilhar com sua presença real. Que a comparticipação com Jesus e com a irmandade eleita seja daqui em diante a atmosfera de nossa vida, a alegria de nossa existência. Isso nos dará um céu abaixo, e nos preparará para o céu acima.

Sermão proferido em 1882.

12

ALIMENTANDO-SE DO PÃO DA VIDA

Em verdade, em verdade lhes digo: quem crê em mim tem a vida eterna. Eu sou o pão da vida.
João 6:47-48

OBSERVEM cuidadosamente a ordem em que nosso Senhor coloca as duas bênçãos que Ele menciona: primeiro, a vida por meio de crer nele, e então o alimento para sustentar essa vida. Primeiro, "quem crê em mim tem a vida eterna"; e depois disso, "Eu sou o pão da vida". A vida vem primeiro, e o alimento vem depois. É impossível para um morto se alimentar, ou ser alimentado; somente os vivos podem comer e beber.

Certa vez, fui ao mosteiro dos Capuchinhos[1] em Roma, e lá vi alguns falecidos da irmandade vestidos com seus hábitos regulares; embora estivessem mortos, alguns deles há cem anos, outros há cinquenta, e um cavalheiro, creio eu, mal estava morto há mais de um ano ou mais, mas lá estavam eles, com seus breviários[2] nas mãos, como se estivessem vivos,

---
[1] Ordem de frades franciscanos da Igreja Católica romana.
[2] Livro litúrgico utilizado principalmente por clérigos e religiosos para a oração diária da Liturgia das Horas, também chamada de Ofício Divino, em igrejas mais antigas e

mas não vi nenhuma preparação para alimentá-los. Teria sido tão ridículo tentar alimentá-los quanto mantê-los ali.

Ora, quando pregamos o evangelho, a menos que você tenha vida espiritual, você não consegue se alimentar dele; e se você fosse à mesa da comunhão, a menos que estivesse verdadeiramente vivo para Deus, poderia comer o pão e beber o vinho, mas com o verdadeiro alimento espiritual, o corpo de Cristo e o sangue de Cristo, você não teria nada a fazer. Não damos comida às pessoas para fazê-las viver. Isso seria um experimento inútil, mas porque estão vivas, elas comem comida para sustentar e nutrir a vida que já está nelas.

Lembrem-se sempre, queridos amigos e amigas, que o melhor alimento espiritual do mundo é inútil para aqueles que estão espiritualmente mortos, e uma parte muito essencial do evangelho é aquela verdade que nosso Salvador tão claramente ensinou: "Vocês precisam nascer de novo" (João 3:7). Todas as tentativas de alimentar a alma são inúteis até que o novo nascimento tenha sido experimentado; mesmo aquele precioso e inestimável pão da vida não pode ser assimilado a menos que a alma tenha sido vivificada pelo Espírito de Deus.

Julguem então, meus ouvintes, se vocês estão vivos para Deus ou não. Antes que vocês possam conhecer corretamente a verdade, antes que vocês estejam qualificados para aprender seus mistérios, orem para que vocês possam ser levados a viver pela fé em Jesus Cristo, pois antes do alimento vem a vida.

Mas em seguida, depois da vida, deve haver alimento, pois tão certamente quanto não haverá utilidade para o alimento sem a vida, assim não haverá continuidade da vida sem o alimento. As pessoas pregam grandes peças em si mesmas, e até mesmo experimentaram a possibilidade de viver

---

litúrgicas. Ele contém os textos, salmos, leituras bíblicas e orações que devem ser recitados ou cantados em determinados momentos do dia, conforme o calendário litúrgico daquela igreja.

quarenta dias sem comida – um experimento que eu, por exemplo, não tenho nenhum tipo de desejo de imitar, nem recomendaria a nenhum dos meus ouvintes que tentasse, pois a probabilidade é que se alguém conseguir sobreviver ao seu jejum de quarenta dias, haverá quarenta outras pessoas que tentarão fazer o mesmo, e que estarão em outro mundo muito antes do fim daquele tempo.

Deus quis que comêssemos se quiséssemos viver. Quando Ele fez os homens e as mulheres, Ele fez os frutos da terra dos quais eles deveriam se alimentar (Gênesis 1:29), e depois Ele deu a eles a carne de animais para que pudessem se alimentar dela (Gênesis 9:3), mas eles devem ser alimentados se quiserem continuar a existir.

Assim é com a alma, e a alma deve ser alimentada com alimento espiritual. As almas não podem comer o que os corpos podem comer, mas ainda assim, elas devem comer; todas as qualidades em alguém espiritual, que são graciosas, precisam de comida. A fé precisa da verdade para crer. O amor precisa de uma revelação de amor para mantê-lo ardendo. A esperança precisa ser lembrada das coisas que são esperadas no futuro, para que ela possa continuar a ter esperança, e toda graça dentro de um ser espiritual clama por alimento espiritual do qual possa se alimentar.

Se há algum de vocês que professa ser espiritual, e ainda assim diz que pode viver sem ler a Bíblia, sem frequentar a casa de oração, sem nenhum meio externo de graça, tudo o que posso dizer é que não quero testar seu sistema de vida, pois eu ficaria faminto por causa dele, se você não estiver, e eu não recomendaria a nenhum cristão que tentasse ver quanto tempo seu espírito pode viver sem alimento espiritual. Não, a ordem de nosso Senhor é primeiro vida, depois alimento, e isso implica que onde há vida, deve haver alimento. Essas duas coisas são muito simples, mas muitas pessoas vivem como se não as conhecessem.

Em seguida, se vocês olharem para o texto, verão que há eternidade na vida: "Em verdade, em verdade lhes digo: quem crê em mim tem a vida eterna", mas há necessidade de alimento do mesmo jeito. A eternidade da vida não impede o fato de sua necessidade de alimento espiritual, pois aqui as duas coisas são colocadas lado a lado: "quem crê em mim tem a vida eterna. Eu sou o pão da vida". A vida daquele que crê é eterna, mas precisa de alimento para sustentá-la.

Alguém de vocês diz: "Deus me salvou, o Espírito Santo me vivificou e eu nunca perecerei, portanto não preciso me alimentar da Palavra, não preciso ser vigilante, não preciso ser cuidadoso"? Meu caro amigo ou amiga, vocês erram por não conhecerem as Escrituras (Mateus 22:29), ou a analogia da fé. É bem certo que aqueles a quem Cristo vivificou por seu Espírito nunca morrerão, mas é tão certo que eles morreriam se não se alimentassem de Cristo, e sustentassem sua vida por esse meio; as duas coisas não são contrárias uma à outra.

Eu os ordeno, amados e amadas, a serem tão vigilantes na guarda de si mesmos como se fossem realmente seus próprios guardas. Sejam tão zelosos para não escorregar com seus pés como se não houvesse promessa de que Deus guardaria os pés de seus santos (1Samuel 2:9). Sejam tão diligentes na oração e na vida santa como se tudo dependesse de vocês. No entanto, não se esqueçam de recorrer à grande verdade de que, afinal, sua segurança não depende de vocês, mas repousa nas mãos daquele que se comprometeu a impedi-los de cair, e a preservá-los até o fim (1Tessalonicenses 5:23). Sua nova vida é eterna, mas vocês devem alimentá-la.

Agora, pensem por um minuto ou dois no inverso dessa verdade. Porque sua nova vida deve se alimentar – o que fica claro no texto, onde Cristo diz: "Eu sou o pão da vida" – não conclua, portanto, que sua vida não é eterna. Todos os preceitos da Palavra de Deus que nos admoestam a perseverar são consistentes com o fato de que os santos perseverarão. Todas as exortações para se alimentar de alimento espiritual são bastante consistentes com o fato bendito de que vocês se alimentarão assim, e que, alimentando-se assim, suas almas viverão para sempre.

O ser humano não tem dois olhos? Claro que é para que ele possa ver toda a verdade, e não apenas um lado dela. Acredito que algumas pessoas caem em grande mal porque fecham um olho e nunca o abrem, e se alguém tenta apontar o outro lado da verdade, eles gritam: "Oh, ele não está sadio!" Mas meu caro amigo e amiga, de minha parte, estou sempre bastante satisfeito quando tenho as Escrituras na base do meu ensino. Não me importo nem um pouquinho para o que vocês podem chamar de não sadio, ou o que qualquer outra pessoa possa chamar de não sadio, contanto que esteja de acordo com a Palavra de Deus.

E vocês podem depender deste fato: que paradoxos não são coisas estranhas nas Escrituras, mas são mais a regra do que a exceção. Muitas vezes, aquelas coisas que parecem se contradizer são apenas dois lados da mesma verdade, e aquele que deseja chegar à verdade em si deve olhar para ambas e segui-las.

Se vocês são ovelhas de Cristo, nunca perecerão, nem ninguém os arrancará das mãos dele (João 10:28), mas é a vocês que uma advertência como esta é dirigida: "Tenham cuidado, irmãos, para que nenhum de vocês tenha um coração mau e descrente, que se afaste do Deus vivo" (Hebreus 3:12), e é a vocês que a regra é dada: "Trabalhem, não pela comida que se estraga, mas pela que permanece para a vida eterna" (João 6:27), e enquanto trabalham por ela, bendigam a Deus que vocês já a têm, visto que vocês têm Cristo em sua posse, e Ele diz, "Eu sou aquele 'pão da vida'".

Observem irmãos e irmãs, como Jesus Cristo, nosso divino Senhor e Mestre, é tudo para seu povo: nossa vida, que é Cristo, "quem crê em mim tem a vida eterna"; nosso alimento para essa vida, que também é Cristo: "Eu sou aquele pão da vida". Cheguei até a amar minhas próprias necessidades, pois elas parecem ser como pedestais onde a imagem de Cristo pode ficar. Se eu não precisasse de Cristo, como Ele poderia ser minha vida? Se eu não precisasse de comida para sustentar essa vida, como

Ele poderia ser o pão da vida para mim? Mas quanto maiores minhas necessidades, mais profundo é meu senso da abundância dele. Quanto mais me torno dependente dele para tudo, mais vejo sua total suficiência. Vocês sabem que se não houvesse grandes cavidades e lugares profundos na face da terra, não haveria espaço para os mares e oceanos; e se não houvesse lugares profundos na necessidade de nossa alma, onde poderia estar a abundância, a abundância manifestada, do Senhor Jesus Cristo?

Alegre-se então, meu irmão ou irmã, pois Cristo o fez vivo dentre os mortos, e então levante outra canção de agradecimento porque Ele o mantém vivo. Bendiga seu nome por enxertá-lo na videira, e então bendiga-o por cada gota de seiva que flui dele, o caule, para você, o ramo (João 15:1-8). Cristo é tudo, Cristo é tudo, Cristo é tudo, e ao seu nome seja o louvor para todo o sempre.

Talvez alguém pergunte: "Como nos alimentamos de Jesus Cristo?", e há alguns que dizem que nos alimentamos de Cristo no que é chamado de "o sacramento"[3]. Eu não gosto dessa palavra "sacramento" aplicada à ordenança da ceia do Senhor; em todo caso, não há menção nas Escrituras de algo como um "sacramento". É uma antiga palavra pagã, que se aplica ao juramento que um soldado fez de ser fiel ao seu comandante. Não gosto nem de juramentos nem de sacramentos, e não gosto de nenhum deles mais do que do outro, pois ambos são contrários à Palavra de Deus. Dessa palavra "sacramento" uma grande quantidade de maldade cresceu; é um leito de podridão do qual todos os tipos de fungos malignos surgiram. Vamos nos manter longe disso de uma vez por todas. Algumas pessoas

---

[3] Sacramento é o nome dado pela Igreja Católica (e por algumas outras igrejas antigas) a ritos considerados sagrados que confirmam e aumentam a graça dos cristãos. Outras igrejas antigas têm um conceito igual ou parecido, mas com outros nomes. Normalmente, essas igrejas antigas creem que esses ritos carregam em si mesmos a graça, e são eficazes independentemente da fé do celebrante ou do recipiente, apesar de pressupô-la. A Eucaristia é considerada "o" sacramento.

nos dizem, no entanto, que naquilo que chamam de "o sacramento da santa comunhão", os comungantes se alimentam de Cristo. Ouçam: meu texto foi falado por Cristo antes que a ceia do Senhor tivesse sido instituída, muito antes que Ele partisse o pão e derramasse o vinho; como um memorial de sua morte, Ele havia proferido estas palavras notáveis: "Em verdade, em verdade lhes digo que, se vocês não comerem a carne do Filho do Homem e não beberem o seu sangue, não terão vida em vocês mesmos" (João 6:53). Mas havia vida espiritual nos próprios apóstolos então, não havia? No entanto, eles nunca tinham comido do que é chamado de sacramento, pois não fora instituído naquela época. Como havia vida verdadeira neles, eles devem ter comido de Cristo, e não havendo ceia do Senhor então instituída, é claro que há uma maneira de comer da carne de Cristo e beber de seu sangue, completamente à parte da comunhão.

Ora, tendo dito tanto para corrigir um erro comum, quero que vocês entendam claramente que a ceia do Senhor, como posteriormente instituída, foi manifestamente pretendida por Cristo para ser uma figura, apresentando por sinais externos e visíveis, a maneira de se alimentar dele. Na verdade, não é se alimentar de Cristo, pois isso ocorreu antes de haver qualquer ceia do Senhor, mas é uma figura admirável dessa alimentação de Cristo, e para todos os tempos continua sendo um dos métodos mais escolhidos – *um* método apenas, observem – um dos métodos mais excelentes pelos quais almas espiritualmente vivificadas são ajudadas a se alimentar de Cristo.

Muitas vezes nos alimentamos de Cristo enquanto ouvimos sermões. Nós nos alimentamos de Cristo enquanto lemos bons livros. Nós nos alimentamos de Cristo nas orações públicas do santuário, e na comunhão secreta em nosso próprio quarto (Mateus 6:6). Se formos como deveríamos ser, estamos sempre nos alimentando de Cristo, e parte do significado dessa petição: "o pão nosso de cada dia nos dá hoje" (Mateus 6:11), é "nos alimentar de Cristo nos dá hoje".

Embora não venhamos à mesa da comunhão, muito menos nos aproximamos de um altar de sacrifício, somos espiritualmente e realmente alimentados por Cristo de outras maneiras. Ainda assim, digo novamente que este culto de comunhão é uma maneira muito excelente de nos alimentarmos de Cristo, e quero tentar mostrar-lhes por esta imagem, como é que as almas se alimentam espiritualmente de nosso Senhor Jesus Cristo.

O batismo é uma imagem de como as almas recebem vida espiritual. A ceia do Senhor é uma imagem de como essa nova vida é sustentada. Ambas as ordenanças são apenas imagens, símbolos, emblemas – nada mais. Nossa imersão, por sua representação simbólica de morte, sepultamento e ressurgimento da água, apresenta como vivemos ao morrermos para tudo, exceto Cristo, e ressuscitamos para viver em Cristo em novidade de vida (Romanos 6:4). Esse é o começo da nova vida, e então vem a ceia do Senhor como uma imagem de como a alma se alimenta do corpo e do sangue de Cristo. O batismo é a porta da casa, e a comunhão é uma refeição na sala interior para aqueles que foram ressuscitados dos mortos e vivificados para a vida em Cristo Jesus.

Não imaginem – não suponho que eu tenha um único ouvinte que pense assim – mas não imaginem que haja alguma magia no batismo, pelo qual a água torna homens, mulheres ou crianças, em filhos de Deus, herdeiros de Cristo e herdeiros do reino dos céus (Tito 3:5-7); e não suponham também que haja alguma magia sobre o pão e o vinho – acho que alguns usam hóstias, vinho e água – mas não suponham por um momento que haja alguma magia neles; eles são meramente imagens que apresentam verdades importantes, pois as almas não podem comer pão, as almas não podem beber "o fruto da videira".

Para que servem esses emblemas e símbolos aqui? Apenas como auxílios ao pensamento, lembretes de certos grandes fatos, memoriais de feitos maravilhosos que são trazidos à nossa lembrança, para que nossas memórias, e por meio delas nossas almas, possam se alimentar dessas grandes verdades.

Ora, depois deste prefácio extraordinariamente longo, que pareceu ser necessário para a compreensão completa do nosso assunto, quero apontar a vocês a imagem que a ceia do Senhor coloca diante de nós, de nossa alimentação do pão da vida.

I

E primeiro, *não nos alimentamos sem uma bênção*.

Ao vir à mesa da comunhão, a primeira coisa que fazemos é dar graças – pedir uma bênção – a bênção de Deus sobre o banquete sagrado. Ora, alma, se você está realmente viva para Deus por Jesus Cristo, você não pode se alimentar de Cristo sem a bênção divina. Assim como você não poderia, no início, vir a Cristo sem o chamado do Pai (João 6:44), você não pode nem mesmo agora se alimentar de Cristo sem a assistência divina do Espírito Santo.

Se eu fosse me sentar e dizer: "Vou me alimentar de Cristo", e abrisse no capítulo mais doce de toda a Bíblia, eu poderia lê-lo e ainda assim não estar me alimentando de Cristo. Se eu dissesse: "Vou me ajoelhar, e em meu quarto entrarei em comparticipação com Cristo, e espiritualmente comerei sua carne, e beberei seu sangue", eu poderia ficar de joelhos até doerem, mas, à parte da bênção de Deus, eu não tiraria nada de bom da ação.

Então, primeiro, quando chegamos a esta mesa de comunhão, pedimos a Deus que abençoe o que estamos prestes a fazer, pois a menos que Ele nos atraia, não seremos capazes de correr atrás dele; a menos que Ele abra nossa boca, não seremos alimentados com o pão do céu. Eu os exorto, portanto, ó amados irmãos e irmãs em Cristo, cujos corações anseiam por comunhão com o Bem-Amado: peçam ao seu Pai Celestial pela operação eficaz de seu bendito Espírito para visitá-los com poder, vida e bênção!

Quando vocês abrirem a Bíblia, que seja com esta oração em seus lábios: "Vivifica-me, Senhor, segundo a tua palavra" (Salmos 119:107). Quando vocês se aproximarem de Deus em devoção particular, que seja em completa dependência do Espírito de Deus. Quando vocês ouvirem sermões, quando vierem à mesa da comunhão, que seja sempre com o olhar para o céu para que a bênção do Senhor repouse sobre tudo, pois tudo não é nada a menos que Deus abençoe para vocês.

II

Em segundo lugar, *nós nos alimentamos de Jesus morto por nós*.

A bênção é pedida; agora o que se segue na comunhão? Por que, em seguida, o pão é tomado e partido? Esse pão é o emblema do corpo de Cristo. Mas o que é esse cálice de vinho? É o emblema do sangue de Cristo. Então, vejam, temos ali carne sem sangue, e temos ali sangue como se drenado da carne. O que os dois emblemas juntos formam? Ora, *a morte*. Se mergulhássemos o pão no vinho, não seria uma observância adequada da ceia do Senhor, mas esses dois emblemas são separados, um do outro, porque pretendem simbolizar para nós a morte de Cristo.

Ora, irmãos e irmãs, o alimento da sua fé deve ser encontrado na morte do Senhor Jesus por vocês, e oh, que alimento bendito é esse! Alguns de nós sabem o que é estar curvados desanimados quase em desespero, e eu, por exemplo, presto meu testemunho de que, sob tais circunstâncias, nada me reaviva como a visão do meu Mestre no madeiro maldito. A menos que Ele tenha morrido por mim (2Coríntios 5:15), eu, de minha parte, estou perdido eternamente. Não consigo ver méritos meus que ouso apresentar a Deus, pois sou um amontoado de pecados, e seria um amontoado de sofrimentos, não fosse por aquelas feridas preciosas dele, e aquele suor de sangue (Lucas 22:44), e aquela cruz e paixão.

Pensem muito sobre esta grande verdade central da expiação, pois é o alimento da sua alma. O pão e o vinho não podem alimentá-los espiritualmente; tudo o que podem fazer é ajudá-los a lembrar dos sofrimentos e da morte de Jesus, e ao lembrar deles, mostrar a morte dele "até que Ele venha" (1Coríntios 11:26). É dessa forma que sua fé é nutrida, sua esperança é nutrida, seu amor é nutrido, toda a sua alma é nutrida de todas as maneiras graciosas e santas. Leiam a vida de Cristo conforme registrada pelos quatro evangelistas, mas alimentem-se principalmente da morte de Cristo. Estudem o exemplo de Cristo, mas isso não é sua comida; deixem sua comida ser o corpo dele partido por sua causa, o sangue dele derramado em dolorosa agonia até a morte como expiação por seu pecado.

A ceia do Senhor é um método de instrução muito bonito e impressionante para nós, porque assim como ali temos que nos alimentar de emblemas que apresentam uma morte cruel, assim nossas almas devem se alimentar, pela contemplação, da morte real de Cristo, e todas as coisas boas dentro de nós devem ser sustentadas pela fé nessa morte.

III

Agora, daremos um passo adiante – *nós nos alimentamos de Cristo ao recebê-lo espiritualmente em nós.*

Vimos o que está na mesa; a próxima coisa, para celebrar a ceia do Senhor, é que devemos comer e beber. Não seria observância da ceia, se eu partisse o pão e o deixasse na mesa, ou se o vinho no cálice ficasse ali simplesmente para ser olhado. Não, o pão deve ser comido, o vinho deve ser bebido.

Aprendam, portanto, que se sua alma deve ser alimentada, vocês devem levar Cristo para dentro de vocês; vocês não devem meramente pensar nele como pertencente a outra pessoa, mas como seu próprio Salvador, cuja morte foi em seu lugar, que os amou e se entregou por vocês (Efésios

5:2). Sejam ousados, pela fé, para clamar, como Tomé fez; não apenas "Senhor e Deus", mas "*Meu* Senhor, e *meu* Deus" (João 20:28). Digam: "Neste sangue, que Ele derramou, eu lavo meu pecado. Este corpo dele, que Ele entregou à morte, Ele entregou por mim, e em seus sofrimentos meu coração confia porque esses sofrimentos foram suportados por mim".

É evidente para todos que não há alimentação do corpo apenas esfregando um pão inteiro do lado de fora dele. Vocês têm que partir o pão, e colocá-lo em si mesmos, e não há como alimentar o espírito meramente crendo nas doutrinas da Palavra, e conhecendo os fatos do evangelho; vocês devem aceitar aquele que é a própria essência das doutrinas; vocês devem receber aquele a quem todos os fatos se relacionam; vocês devem, de fato, pela fé, tomar Jesus Cristo em si mesmos. Ó amados e amadas, esta é a maneira de se alimentar de Cristo! Sua nova vida será vigorosa e forte o suficiente quando este for o seu caso.

IV

Além disso, *nós nos alimentamos de Cristo por meio de reflexões.*

Lembro-lhes que ao comer e beber na ceia do Senhor, há muita reflexão a ser demonstrada; não é uma correria confusa, e um alimentar-se apressado. Existem dois sinais, dois símbolos, ambos os quais representam maravilhosamente o sofrimento de Cristo.

Muitas vezes fiz para vocês uma breve descrição do processo pelo qual obtemos nosso pão; é muito significativo e instrutivo. O trigo é tomado, lançado no chão e enterrado. Ele está sujeito à geada e à neve, e a todos os tipos de penúrias. Ele brota, cresce, amadurece. Então vem a foice, e é cortado. Sendo cortado, ele é levado na carroça carregada, e jogado na eira. Então ele é batido com a debulhadora até que cada grão de trigo seja separado da palha. Então o trigo é tomado, e colocado no moinho, e no moinho ele é moído até virar farinha fina. Suas dores e torturas ainda não terminaram. Ele é transformado em massa e amassado, e então deve ir ao forno para ser assado. Ele deve passar por todos os tipos de processos dolorosos até que termine sendo quebrado em pedaços, e ser moído entre os dentes de quem o come. Desta forma, ele se torna o símbolo mais significativo dos sofrimentos de Cristo. Sua vida é toda uma história de tristeza: "Certamente Ele tomou sobre si as nossas enfermidades, e as nossas dores levou sobre si" (Isaías 53:4), e vocês e eu devemos pensar sobre essa história de Cristo com a devida reflexão e cuidado ao ponderarmos sobre o simbolismo do pão partido.

Então vem o cálice. Aqui, a uva foi esmagada no lagar até que seu suco mais avermelhado tenha sido derramado; o sangue do seu próprio coração sendo derramado sob a pressão extrema. Esta é outra imagem do sofrimento de Cristo – de seu sofrimento até a morte. Então, a única imagem tem dois painéis e muitas subdivisões, como se o Senhor nos dissesse: "Se vocês querem alimentar sua alma com Cristo, vocês devem pensar muito sobre Ele. Vocês não devem simplesmente dizer, pela fé, 'Sim, Cristo é meu Salvador'. Isso é bom, até certo ponto; essa verdade lhes dará vida, mas vocês devem ver quem Ele era, e o que Ele era, e o que Ele fez, e por que Ele fez isso; e o que Ele está fazendo agora, e o que Ele ainda fará, e assim, ao levar isso em detalhes, vocês alimentarão suas almas maravilhosamente".

Olhem para muitos cristãos meio famintos. Ora, sim! Vocês podem ver cada costela, vocês podem contar cada osso em sua anatomia espiritual. Eles mal têm vida suficiente para serem capazes de cantar em um sussurro:

> É algo que anseio saber,
> Muitas vezes me causa preocupação,
> Eu amo o Senhor, ou não?
> Sou dele, ou não sou?[4]

---

[4] *Lovest Thou Me?* [Você me ama?], John Newton, 1779.

Ora, se eles pensassem mais em Cristo – se eles esmiuçassem a verdade sobre Ele mais do que fazem – se eles olhassem mais para a paixão dele – se eles estudassem a pessoa maravilhosa dele – se eles confiassem nas promessas dele – se eles descansassem na obra dele mais detalhadamente pela contemplação, eles cresceriam para serem gigantes espirituais; eles seriam "fortalecidos no Senhor e na força do seu poder" (Efésios 6:10).

Não há muito ensinamento instrutivo então nesta ceia, até onde fomos? Mas eu quero que vocês, queridos amigos e amigas, percebam que cada ponto sobre a ceia do Senhor está cheio de significado espiritual gracioso.

V

Em seguida, *nós nos alimentamos de Cristo ao recebermos a aliança*.

Quando o Senhor Jesus Cristo passou o cálice para seus discípulos, Ele lhes disse: "Este cálice é o novo testamento (isto é, a nova aliança) no meu sangue derramado por vocês" (Lucas 22:20). Ouçam a palavra: "aliança, aliança". Irmãos e irmãs, vocês estão com muita fome? Suas almas querem o alimento mais rico que o próprio Deus pode lhes dar? Vou lhes contar sobre um armário trancado onde há pão como nunca comeram no deserto; é melhor até do que o maná.

Peguem suas Bíblias, e passem por suas muitas salas, e subam e desçam os corredores de seu maravilhoso ensino, e vocês verão, sobre um cofre que está ali, esta palavra, em letras douradas: "aliança". Esse é o lugar onde Deus se encontra especialmente com seu povo. "Ele dá comida aos que o temem; sempre se lembra da sua aliança" (Salmos 111:5).

Quem que pode entender completamente a palavra "aliança" é um teólogo. Essa é a chave de toda teologia – a aliança das obras[5], pela qual

---

[5] A Aliança das Obras, também chamada de Aliança Edênica, seria o primeiro pacto feito entre Deus e o ser humano. Dentro do calvinismo, é um princípio organizador

caímos, e a aliança da graça, pela qual ficamos em pé. Cristo cumprindo a aliança por nós como nosso Fiador (Hebreus 7:22) e Representante (Romanos 5:12-21), cumprindo-a pelo derramamento de seu sangue, que é tipificado pelo cálice, e assim deixando para nós uma aliança totalmente cumprida de nossa parte, que é a parte de Cristo, e somente a ser cumprida agora por Deus. E o que Deus tem que cumprir é esta promessa da aliança: "Eu lhes darei um coração novo e porei dentro de vocês um espírito novo. Tirarei de vocês o coração de pedra e lhes darei um coração de carne. Porei dentro de vocês o meu Espírito e farei com que andem nos meus estatutos, guardem e observem os meus juízos [...] Vocês serão o meu povo, e eu serei o seu Deus" (Ezequiel 36:26-28).

Ah, irmãos e irmãs! Isto é o que chamamos de "um banquete de carnes suculentas e vinhos envelhecidos: carnes suculentas com tutanos e vinhos envelhecidos bem-clarificados" (Isaías 25:6). Alguns dos nossos irmãos cristãos têm uma digestão espiritual muito fraca; não conseguem se alimentar deste tipo de comida. Quando tentam participar dela, imaginam que é muito pesada para eles, então dizem: "Não pode ser um bom alimento para as almas". Ah, mas há alguns de nós que, em razão da idade e do hábito, tiveram os seus sentidos exercitados, e agora já somos velhos o suficiente para digerir a comida forte do evangelho, e ficamos felizes em cravar os dentes nela sempre que podemos.

Gosto de ir até o armazém da aliança, e me apossar dessas coisas benditas; e peço a vocês, irmãos e irmãs, que façam o mesmo. Se vocês realmente querem alimentar sua alma, certifiquem-se de tentar entender a aliança, pois o Senhor Jesus lhes dá uma pista de que o vinho mais valioso

---

geral de interpretação da história bíblica. Deus estabeleceu a Aliança das Obras com Adão em Gênesis 2:16–17. Na Teologia da Aliança, a Aliança das Obras se estende além da Aliança Edênica, e se torna a base da lei Mosaica, contrastando com a Aliança da Graça, que veio por meio de Jesus (João 1:17).

é encontrado ali, dizendo, enquanto passava o cálice: "Este cálice é a nova aliança no meu sangue" (1Coríntios 11:25).

VI

Mais uma vez, nós nos alimentamos de Cristo quando nos sentamos ao redor de sua mesa.

Ao meu ver, há algo muito bonito e sugestivo na postura correta para a observância da ceia do Senhor; o que é? Vir aqui e se ajoelhar como se houvesse algo para adorar? Essa é uma relíquia do antigo romanismo que deveria ser abolida por todos os protestantes. Qual é a maneira correta de observar esta ordenança? Ora, apenas sentar ao redor da mesa na qual os emblemas estão postos. Olhem para aquela imagem notável de Leonardo da Vinci – uma imagem que vi pendurada em uma igreja romanista, como vocês pode vê-la em muitas igrejas romanistas. Ela representa Cristo e todos os seus discípulos sentados à mesa, e essa é a postura correta para nós.

Como eles a comiam no início? Eles se reclinavam, deitavam-se, na postura mais confortável possível que podiam tomar, sustentando-se no braço esquerdo e, assim, alimentando-se, um com a cabeça no peito do vizinho. Agora, traduzindo o oriental para o ocidental, a atitude mais próxima dessa é sentar-se o mais à vontade possível, e o significado espiritual dessa postura é este: vocês são homens e mulheres salvos, a vida de Deus está em vocês, portanto, descansem. "Nós, que cremos, entramos no descanso" (Hebreus 4:3).

E sempre que vocês quiserem se alimentar de Cristo, não se alimentem dele com pressa, não fiquem inquietos, não se preocupem, não fiquem de pé com o cinto apertado na cintura e com o cajado na mão, como os israelitas deveriam comer a Páscoa no Egito (Êxodo 12:11). Vocês saíram do Egito e passaram pelo deserto, pois nós que cremos em Cristo entramos em Canaã, e estamos no descanso.

VII

Mais uma vez, *nós* nos alimentamos de Cristo quando nos sentamos juntos para observar esta ordenança.

Uma maneira muito abençoada de nos alimentarmos de Cristo é retratada por estarmos sentados juntos ao redor desta mesa de comunhão. Uma pessoa só não poderia celebrar a ceia do Senhor, pois uma parte principal dela é a comparticipação com os outros. "Porque nós, embora muitos, somos unicamente um pão" (1Coríntios 10:17). Se você quer se alimentar corretamente de Cristo, não se mantenha recluso e não tente manter Cristo somente para você mesmo. Não, irmão ou irmã, Cristo Jesus não é a Cabeça de você sozinho, Ele é a Cabeça de todo o corpo, que é sua igreja (Colossenses 1:18).

Acredito que, às vezes, quando vocês não conseguem orar sozinhos, vocês seriam ajudados se juntassem outros a vocês em suas súplicas. Existe uma maneira de se alimentar de Cristo fazendo com que outros entrem e se alimentem também. Lembrem-se disso, e que sua comunhão com Jesus, embora deva ser solitária muitas vezes, não seja sempre solitária, mas agarrem-se ao seu Salvador, e levem-no para a casa de sua mãe e para o quarto daquela que os gerou, e lá Ele lhes mostrará seu grande amor. Ele pode vir de maneira solitária a Pedro ou Madalena, mas Ele mais do que tudo se deleita, no primeiro dia da semana, em ficar no meio dos seus reunidos e dizer, não apenas a qualquer um deles, mas a todos eles: "Que a paz esteja com vocês!" (João 20:19). Vivam em amor santo com todos os que amam a Cristo; assim vocês serão ajudados a se alimentar dele, lembrando que fomos assentados juntos nos lugares celestiais em Cristo Jesus, nosso Senhor (Efésios 2:6).

VIII

O último ponto é este: *não nos alimentamos de Cristo sem louvor.*

Quando chegamos ao fim da ceia do Senhor, sempre fazemos o que nosso Senhor Jesus fez. Depois da ceia, eles cantaram um hino (Mateus 26:30), então a maneira certa de encerrar a celebração da ceia é cantar um salmo de louvor. E queridos amigos e amigas, sempre que vocês quiserem comungar com Cristo, certifiquem-se de louvar e orar. Misturem ações de graças com suas súplicas (Filipenses 4:6), pois Jesus ama ouvir os louvores de seu povo.

Receio que percamos muito da comunhão com Cristo porque não lhe damos ainda mais louvor. Ouvi um irmão dizer outro dia – e oh, como eu gostei muito da conversa dele quando ele disse isso! – "Há momentos em que estou sozinho com Deus, quando não consigo orar. Não sinto como se, naquele momento, quisesse algo dele. Então", disse ele, "eu sempre canto, ou de uma forma ou de outra louvo a Deus, e acho que a comunhão com Deus em louvor é tão benéfica para minha alma quanto a comunhão com Ele em oração, e muitas vezes, antes que meu louvor seja feito, minha oração começa a brotar como uma fonte de água límpida". Experimentem esse plano, irmãos e irmãs, pois pode ajudá-los ainda mais abençoadamente a se alimentarem de Jesus Cristo.

Gostaria que toda a minha congregação conhecesse a doçura de se alimentar de Cristo. Todo mundo se alimenta de uma coisa ou de outra. Vocês veem alguém pegando seu jornal de domingo: como ele se alimenta daquilo! Outro vai para diversões frívolas, e ele se alimenta delas. Outro se alimenta de seus negócios, e do pensamento de suas muitas preocupações. Mas tudo isso é comida ruim, é apenas cinzas e cascas. Se vocês possuíssem a verdadeira vida espiritual, saberiam a profunda necessidade que há de se alimentar de Cristo. Mas vocês não possuem essa vida que dizem ter.

Não, então vocês sabem o que será dos mortos? O que será dos mortos? E depois da morte vem a deterioração.

Os antigos judeus nos tempos dos reis, levavam os corpos dos mortos em deterioração para o vale de Hinom, e ali acendiam grandes fogueiras, para que os cadáveres em deterioração pudessem ser queimados[6]. E algo assim, só que muito pior, será o destino de todo aquele que não for vivificado pelo Espírito de Deus e feito viver com Cristo. Vocês irão para o lugar "onde não lhes morre o verme", que é o lugar da deterioração, "nem o fogo se apaga", que são as chamas de Tofete (Marcos 9:44). Deus salve vocês disso! Mas não há salvação disso, exceto para aqueles que têm vida por meio da crença em Jesus: "quem crê no Filho tem a vida eterna; quem se mantém rebelde contra o Filho não verá a vida, mas sobre ele permanece a ira de Deus" (João 3:36). Deus os salve, queridos amigos e amigas, dessa terrível condenação, por amor de seu querido Filho! Amém!

SERMÃO PROFERIDO EM 1881.

---

[6] A palavra traduzida como "inferno" em 12 lugares do Novo Testamento é Geena (= Vale de Hinom), e se refere ao vale em torno da cidade antiga de Jerusalém que se tornou um depósito de lixo. Lá, existia um lugar onde ele era incinerado (o Tofete) e que era um lugar de sujeira, impureza e podridão.

SOBRE O AUTOR

CHARLES Haddon Spurgeon nasceu em 19 de junho de 1834, em Kelvedon, Inglaterra, e morreu em 31 de janeiro 1892, em Menton, França. Foi um ministro religioso inglês de tradição reformada. Ele foi pastor do Metropolitan Tabernacle, uma igreja batista de Londres, durante quase quarenta anos. Ele é conhecido mundialmente como "o Príncipe dos Pregadores".

Seus sermões inspiradores, além de livros e meditações sobre as Escrituras, têm sido traduzidos para vários idiomas.

Conheça outros livros de Spurgeon publicados pela Hagnos:

- *O Evangelho Segundo Mateus: a narrativa do Rei*
- *Esperança, o perfume do coração*
- *Fé, o alimento da alma*
- *Filhos da promessa*
- *Milagres e parábolas do Nosso Senhor*
- *Perguntas para a mente e o coração*
- *O Grande Deus*
- *A beleza da vida cristã: 10 sermões sobre o nosso dia a dia com Deus*
- *O maior presente de todos: 10 sermões sobre a salvação*
- *O grande exército de Deus: 10 sermões sobre anjos*
- *Jesus, o Salvador: 10 sermões sobre o Filho de Deus*

Sua opinião é importante para nós.
Por gentileza, envie-nos seus comentários pelo e-mail:

editorial@hagnos.com.br